ÉCOLOGIE

Paul Thibault
Maîtrise en écologie

Louise Poitras
Licence ès lettres

Photo couverture : **Jean Blais**
Photos intérieures : **Jean Blais**
                  Paul Darveau
                  Claude Deshaies
                  Jean Gagnon
                  Michel Julien
                  Maurice Mailhot
                  Sylvie Roche
                  Paul Thibault
                  Jacques Viel

Directeur des éditions pédagogiques : **Jean-François Desautels**
Consultant : **Maurice Mailhot**
Conception et illustrations : **Jean Gagnon**
Révision de textes : **Louis Forest**

Toute reproduction même partielle est interdite. Une copie ou reproduction par quelque procédé que ce soit, photographie, photocopie, polycopie, Offset, microfilm ou autre, constitue une contrefaçon passable de peines prévues par la loi sur la protection du droit d'auteur. (Cf Hebdo-Éducation, 15 sept. 1967, no 11).

Cette loi du droit d'auteur accorde des privilèges aux auteurs dans le but de les inciter à produire sans cesse des oeuvres nouvelles, plus nombreuses et de meilleure qualité. Cette perspective ne saurait laisser les éducateurs indifférents. Dans l'accomplissement même de leur tâche, ceux-ci reconnaîtront aisément l'importance d'une production riche et abondante d'oeuvres de tout genre, en particulier de documents à caractère pédagogique. Dès lors, ils voudront tenir compte du fait que, si l'utilisation de ces oeuvres dans les établissements d'enseignement peut favoriser leur diffusion, certaines pratiques de reproduction risquent par ailleurs d'avoir pour résultat d'en tarir la source.

(Québec , le 6 septembre 1974. Lettre du Sous-Ministre D.G.E.E.S. Adm. 7478 aux présidents des commissions scolaires, aux commissaires et syndics d'école.)

Errata

p. 7, 3e paragraphe	Remplacer par: Les questions 3 à 6 auxquelles tu as répondu t'ont permis d'avoir un aperçu des relations qui unissent les êtres vivants entre eux et à leur milieu, et d'adopter un point de vue écologique.
p. 12, 3e paragraphe	Remplacer "L'élaboration" par **L'aménagement.**
p. 12 et les suivantes	Remplacer "récolte" et "recueillir" par **cueillette et cueillir.**
p. 14, dernier paragraphe	Remplacer la première ligne par: **À partir du moment où l'aquarium est prêt et peut fonctionner…**
p. 15 Aquarium marin Questions 4,7	Lire: 4. À quelle température l'eau doit-elle être avant que des organismes **y soient placés?** 7. À quels intervalles, comment et par qui l'entretien de l'aquarium et l'alimentation des organismes **seront-ils assurés?**
Terrarium Questions 3,6,7,8,	Lire: 3. Quels matériaux **le montage** du terrarium **nécessite-t-il?** 6. Quelle sorte de végétation **plantera-t-on?** 7. Quels types d'animaux et combien d'entre eux ce terratium peut-il **accueillir?** 8. À quelle fréquence, comment et par qui l'alimentation des organismes et l'entretien général **seront-ils assurés?**
p. 16 Insectarium Question 2	Lire: 2. Quels matériaux **sa construction exige-t-elle?**
p. 17 Vivarium pour fourmis Question 1	Lire: 1. Quel matériel faut-il pour construire un formicarium?
p. 17 dernier paragraphe	Lire: **Une fois l'herbarium terminé et en cours d'exploitation…**
p. 25 La végétation Les insectes	Remplacer "récolter" par **prélever.** Remplacer "moyens" par **instruments.**
p. 50 et les suivantes	Remplacer "compétition" par **concurrence.**
p. 50 dernier paragraphe	Lire: La **concurrence** se manifeste quand les facteurs du milieu deviennent …; alors naît une **lutte** qui peut opposer soit **des** individus, **soit des** populations distinctes.
p. 57 Question 39	Lire: 39. En te reportant aux histogrammes, **indique** quels sont les deux phénomènes qui caractérisent cette période de l'année.
p. 60 avant dernier paragraphe	Lire: Plusieurs procédés industriels et **modes de…**
p. 67, dernier paragraphe	Remplacer "impliqué" par **engagé.**
p. 72, 3e paragraphe	Remplacer "à procéder" par **en procédant.**
p. 87 Question 55	Remplacer "est obstrué" par **a été obstrué.**
p. 96 avant dernier paragraphe	Remplacer "opérations" par **travaux.** Remplacer "le semis" par **l'ensemencement.**

p. 100 Question 5	Lire: Des orifices situés dans les feuilles servent à l'entrée et à la sortie des gaz. Quel est le nom de ces orifices?
p. 104 premier paragraphe	Lire: Étudier l'écologie des consommateurs, c'est étudier le comportement des animaux, l'action des facteurs physiques sur eux, la place qu'ils occupent dans les chaînes alimentaires et les interactions qui s'établissent entre eux et l'homme.
p. 106 Expérience 2	Remplacer "Sec ou humide" par **Sécheresse ou humidité.**
p. 107 Expérience 3	Remplacer "Chaud ou froid" par **Chaleur ou froid.**
p. 107 L'apprentissage 1er paragraphe dernier paragraphe	Lire: **en procédant par essai.** **L'apprentissage par essai est très répandu...**
p. 128 Question 29	Lire: Nomme trois espèces **utilisées pour** d'autres tâches.
p. 129, 2e paragraphe	Lire: ... qui se fait par imitaion, ou **par essai.**
p. 129, 8e paragraphe	Lire: Quant au développement de nouveaux individus, **selon les** espèces, il s'effectue dans le milieu ...
p. 135, 4e paragraphe	Remplacer "est une sorte de" par **peut être comparé à un...**
p. 151 dernier paragraphe	Remplacer "l'alternative" par **l'alternance** et "s'opère" par **peut être obtenue.**
p. 153 Question 2	Lire: Quelles entrées et **quelles** sorties la production d'énergie chez les êtres vivants **suppose-t-elle?**
pp. 157, 165	Remplacer "moufette" par **mouffette.**
p. 158, Les membres et la préhension	Lire: **Certains** animaux sont capables ...
p. 167 avant dernier paragraphe	Remplacer "Là aussi s'opèrent" par **C'est aussi là qu'ont lieu...**
p. 168 dernier paragraphe	Remplacer "implique" par **comporte.**
p. 178 3e paragraphe, 6e ligne	Remplacer "s'opère" par **s'effectue.**
Les questions suivantes: p. 28, nos 12, 13; p. 30, nos 14, 15; p. 58, no 44; p. 87, no 58; p. 169, no 14; p. 171, nos 27, 30; p. 172, no 35	doivent se terminer par: **Justifie ta réponse.**
p. 33, no 22 et p. 54, no 26	**Explique ta réponse.**
p. 45, no 10	**Motive ta réponse.**
p. 58, no 45; p. 63, no 49; p. 171, no 28	**Dis pourquoi.**
p. 148, no 34	**Dis comment.**

MODULE I : De quoi s'agit-il ? **1**

    Des ressemblances et des différences
    Une dépendance vitale
    Une façon de découvrir
    Résumé
    Questions de révision

MODULE 2 : La nature dans la classe **11**

    Plan de travail
    Le montage des vivariums

MODULE 3 : Étude du milieu **19**

    Préparation de l'excursion
    Sur le terrain
    Le retour de l'excursion
    Mise en commun des informations

MODULE 4 : Un monde en relation **41**

    Espèces et populations
    Relations entre les êtres vivants
    Autres types de relations entre êtres vivants
    Action des facteurs non vivants sur les êtres vivants
    Action des êtres vivants sur les facteurs non vivants
    L'homme et les autres êtres vivants
    L'homme et les facteurs non vivants
    Résumé
    Questions de révision
    Suggestions de travaux

MODULE 5 : L'écologie des producteurs **71**

    De quoi les plantes ont-elles besoin pour se nourrir ?
    La plante au travail
    Les plantes et l'énergie
    Une interaction vitale
    Deux autres fonctions des plantes
    Le développement et la croissance des plantes
    Les plantes et l'homme
    Résumé
    Questions de révision
    Suggestions de travaux

MODULE 6 : L'écologie des consommateurs **103**

    Le comportement des animaux
    Alimentation des consommateurs
    La reproduction des animaux
    La croissance animale
    Les relations entre l'homme et les animaux

Résumé
Questions de révision
Suggestions de travaux

MODULE 7 : Le cycle, une invention de la nature **133**

Pas de travail sans énergie
Le cheminement de l'énergie dans la nature
La circulation de la matière
Résumé
Questions de révision
Suggestions de travaux

MODULE 8 : S'adapter pour survivre **155**

L'adaptation animale
L'adaptation des plantes
Les limites de l'adaptation
L'adaptation forcée
Résumé
Questions de révision
Suggestions de travaux

GLOSSAIRE **183**

À lire attentivement

Ce manuel a été conçu de manière à te permettre de participer activement à la découverte du monde qui t'entoure.

Pour cette raison, tu seras très souvent invité à répondre à des questions reliées à des expériences et des exercices, à décrire des observations, à compléter des tableaux, à évaluer tes connaissances.

Même si les questions apparaissent directement dans le texte, JAMAIS TU NE DOIS ÉCRIRE DANS LE MANUEL.

Pour te le rappeler, chacune des questions qui apparaissent dans les premiers MODULES est précédée de la mention : « INSCRIS TA RÉPONSE DANS TON CAHIER ». Ce cahier peut être celui qui a été spécialement préparé pour accompagner le manuel ou tout autre moyen proposé par le professeur.

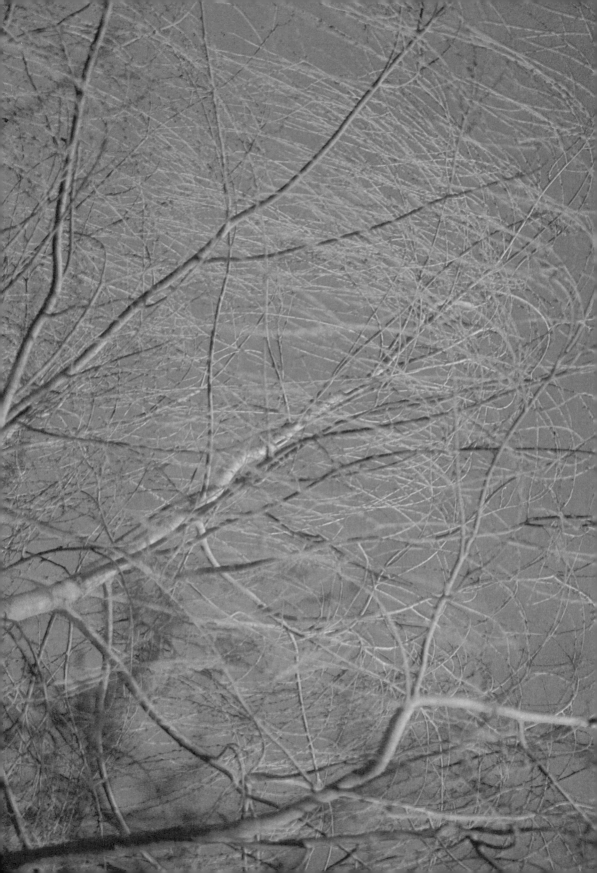

module I
De quoi s'agit-il?

Tu vois un étalage de plantes et d'animaux. Si quelqu'un te demande ce qui les distingue chacun d'une roche, tu réponds sans hésiter : *Ils sont vivants et la roche ne l'est pas.*

Ta réponse contient, en fait, une autre question beaucoup plus importante : *Qu'est-ce qui distingue un être vivant d'un être non vivant ?*

Des ressemblances et des différences

Quelques particularités ou caractéristiques n'appartiennent qu'aux êtres vivants; d'autres sont propres aux êtres non vivants. Il y a donc des différences significatives qui permettent d'établir une distinction. Mais, il y a aussi des ressemblances, c'est-à-dire des caractéristiques qui conviennent autant aux êtres vivants qu'aux êtres non vivants.

Le tableau qui suit dresse une liste de caractéristiques. Achève-le **dans ton cahier**. Inscris *oui* ou *non*, pour déterminer quelles caractéristiques s'appliquent à l'une ou à l'autre des catégories, ou aux deux à la fois.

Caractéristique	être vivant	être non vivant
Possède une forme		
Peut changer d'apparence		
Peut croître		
Se nourrit		
Respire		
Peut se reproduire		
Peut réagir		
Est capable de mouvement		
N'existe que dans un milieu donné		

Une fois ton tableau achevé, compare-le à ceux de tes camarades. Cela fera sans doute naître une discussion et t'amènera peut-être à corriger certaines opinions.

Ces opinions montrent que tu as déjà une certaine idée du monde vivant. Pour la préciser et l'élargir, plusieurs questions te sont posées dans le texte ci-dessous. Tu y réponds au fur et à mesure en inscrivant tes réponses **dans le cahier**.

1. Quelles caractéristiques sont propres aux êtres vivants ?
Examine maintenant cet échantillonnage :

Tous les représentants du monde vivant ont en commun des caractéristiques fondamentales : tous respirent, tous se nourrissent. Mais, en réalité, ils sont loin d'être semblables.

2. À partir de l'échantillonnage proposé, isole sept différences importantes et explique chacune brièvement. Exemple : je remarque une différence de structures (présence ou absence de pattes, de poils, de plumes, etc.).

Où en es-tu rendu? Tu as dû dégager deux notions :

- tous les êtres vivants se ressemblent pour ce qui est des caractéristiques fondamentales, comme respirer, se nourrir, etc.;
- les êtres vivants se différencient les uns des autres au niveau des caractéristiques particulières.

L'ensemble des aspects de la vie des organismes, à savoir : leur structure, leur fonctionnement, leur comportement, etc., constitue le champ d'études d'une science, la biologie.

Une dépendance vitale

Chaque être vivant occupe un milieu dont il dépend. Dans cette phrase, il y a deux éléments à retenir :

- ce qu'est le milieu de vie;
- la dépendance de l'organisme par rapport à son milieu de vie.

Considérons d'abord le milieu. Il est composé d'une variété d'organismes vivants (ex.: animaux divers, plantes, etc.) et de facteurs physiques non vivants (ex.: température, eau, etc.).

3. Le dessin qui suit reconstitue un milieu de vie. Dans ton cahier, nomme cinq organismes vivants, habitant ce milieu, et cinq facteurs physiques.

Par rapport à son milieu, l'organisme est en situation de totale dépendance. Cela signifie qu'il doit trouver, dans son milieu, tout ce qui lui est nécessaire, comme la présence d'autres êtres vivants, de l'espace, de l'eau, un abri, etc. En d'autres mots, aucun être vivant ne peut vivre seul; sa survie repose sur les relations écologiques qu'il établit avec les autres êtres vivants et avec son environnement physique.

4. Reporte-toi à l'illustration de la question 3. Observe-la attentivement et, **dans ton cahier,** décris :

a) trois formes de relation qui peuvent exister entre les organismes vivants de ce milieu;

b) trois formes de relation entre les organismes vivants et certains facteurs physiques.

Voici deux types d'environnement différents :

5. Lequel de ces deux milieux est propice à la survie des cerfs? Expliques-en les raisons.

6. Dans lequel de ces deux milieux (voir l'illustration de la question 5) pourrait-on trouver des loups? Dans le cahier, justifie ta réponse.

Les questions (3 à 6), auxquelles tu as répondu, t'ont permis d'envisager d'établir des relations, d'adopter ce qu'on appelle une *attitude écologique*.

L'écologie est la discipline de la biologie qui tente de découvrir et de comprendre les formes de relations qui existent entre les êtres vivants, ainsi qu'entre eux et leur environnement physique.

7. Réfléchis sur les situations énumérées ci-après et détermine si elles sont ou non de *nature écologique*.
Ajoute des commentaires appropriés.

a) Constater que l'alimentation des lièvres change selon les saisons.
b) Évaluer la vitesse des battements de cœur d'un chat au repos.
c) Chercher la raison susceptible d'expliquer que les plants d'avoine qui poussent près des fossés sont de plus petite taille que ceux qui ont germé au centre d'un champ.
d) Apprendre des noms de diverses sortes de grenouilles.
e) Étudier comment le déversement de produits chimiques dans un lac agit sur la végétation aquatique.

Une façon de découvrir

L'écologie propose un champ de recherche qui appartient à la grande famille des SCIENCES.

Quoique reliées à des sujets différents, les diverses disciplines scientifiques utilisent cependant le même outil de recherche : la MÉTHODE SCIENTIFIQUE.

Cette méthode, particulière aux sciences, est une façon de penser et d'agir qui permet de résoudre un problème, de trouver une réponse à une question, d'expliquer la réalité, de découvrir l'inconnu.

La démarche scientifique procède par **étapes** : OBSERVATION, EXPÉRIMENTATION, DOCUMENTATION, COMMUNICATION.

À l'intérieur de ton cours d'écologie, tu auras à découvrir la nature de chacune de ces étapes et à les appliquer à des situations particulières.

Résumé

L'être vivant se distingue de l'être non vivant par certaines caractéristiques fondamentales : capacité de se nourrir, de se développer, de respirer, de se reproduire et de réagir.

Toutefois, les organismes ne sont pas tous semblables; ils se différencient les uns des autres par certaines particularités.

Tout être vivant habite un milieu constitué d'autres organismes et d'une variété de facteurs physiques avec lesquels il est en relation.

L'écologie est une science qui étudie l'ensemble des relations qui se manifestent entre les êtres vivants, ainsi qu'entre eux et leur environnement physique. Comme toute science, l'écologie applique les étapes (observation – expérimentation – documentation – communication) de la méthode scientifique en vue de la découverte des interactions dans la nature.

Questions de révision

(Réponds dans ton cahier aux questions qui suivent).

1. Définis les termes :
   a) écologie ;
   b) méthode scientifique ;
   c) milieu.

2. Énumère cinq caractéristiques communes à tous les êtres vivants.

3. Indique les étapes de la méthode scientifique.

module II
La nature dans la classe

La compréhension des notions d'écologie requiert un contact direct et soutenu avec le monde vivant.

Comment créer ce contact ? Tout simplement en reconstituant en classe des milieux naturels et en emmagasinant des réserves d'organismes vivants, à savoir : des plantes et des animaux.

L'élaboration des milieux naturels, qu'on appelle des vivariums, comprend deux avantages appréciables. Tu apprendras à manipuler une diversité d'organismes et à assurer leur entretien en fonction de leurs besoins. Quant aux réserves d'organismes vivants, elles proviendront de *récoltes* effectuées en groupe sur le terrain ou lors d'excursions individuelles.

Il existe toute une variété de vivariums. En voici une liste :
aquarium d'eau douce ;
aquarium marin ;
terrarium semi-aquatique ou terrestre ;
insectarium ;
vivarium pour vers de terre ;
vivarium pour fourmis ;
herbarium.

Mais là, un problème surgit... Il ne faut pas *rêver en couleur*. De toute évidence, chaque élève de la classe ne peut pas construire tous ces vivariums. Il est nécessaire de faire un choix.

Plan de travail

Pour résoudre ce problème, nous te proposons un plan de travail qui comprend trois opérations : s'informer, décider et faire le montage proprement dit, du ou des vivariums.

S'informer

Plusieurs ouvrages donnent, sur les vivariums, des informations suffisamment abondantes et précises pour guider le choix du ou des types de vivariums, ainsi que pour l'exécution du montage, ces ouvrages sont de consultation facile.

Décider

Afin de comprendre cette deuxième opération, il faut suivre les flèches...

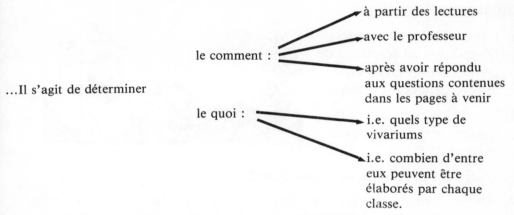

...Il s'agit de déterminer

le comment :
- à partir des lectures
- avec le professeur
- après avoir répondu aux questions contenues dans les pages à venir

le quoi :
- i.e. quels type de vivariums
- i.e. combien d'entre eux peuvent être élaborés par chaque classe.

Est-ce que ça va? Non!... Dans ce cas, peut-être *l'ordre* n'a-t-il pas été respecté ou encore un *indice*, comme un mot en caractères gras, est-il passé inaperçu.

Le montage des vivariums

Cette dernière phase du plan de travail, c'est-à-dire le montage des vivariums, s'appuie sur les informations accumulées et sur les décisions prises en classe.

Cette phase est considérée comme un projet de recherche (chaque type de montage de vivarium = un projet de recherche) qui exige, d'une part, la formation d'équipes de travail et, d'autre part, une répartition du travail dans l'équipe.

Si chacun sait exactement ce qu'il a à faire et si chacun le fait bien, le succès du projet de recherche est assuré.

Réponds aux questions dans ton cahier.

Aquarium d'eau douce

1. Dresse la liste des objets nécessaires au montage de cet aquarium et spécifie le rôle de chaque objet.

2. Pour effectuer le montage, quelles sont les étapes à suivre?

3. Quel sera le volume de l'aquarium utilisé?

4. Au moment d'introduire des êtres vivants dans l'aquarium, à quelle température l'eau doit-elle être?

5. Est-ce que l'aquarium sera éclairé artificiellement?

6. Quelles sortes de plantes aquatiques seront placées dans l'aquarium?

7. Quelle quantité de poissons celui-ci peut-il contenir?

8. Quels poissons conviennent à ce milieu et lesquels seront choisis?

9. En plus des poissons, y aura-t-il d'autres animaux? Lesquels? Auront-ils une fonction particulière?

10. Quand, comment et par qui seront assurés l'alimentation et l'entretien de l'aquarium?

À partir du moment où l'aquarium est prêt et qu'il peut entrer en opération, utilise la fiche d'informations contenue dans ton cahier. Cette fiche te permet de noter les informations relatives aux vivariums en question; elle est à remplir de façon périodique.

Aquarium marin

1. Quels sont les objets requis pour le montage d'un tel type d'aquarium? À quoi sert chaque objet?

2. Pour exécuter le montage, quelle est la marche à suivre?

3. L'aquarium sera-t-il éclairé? Comment?

4. À quelle température l'eau doit-elle être avant d'y placer des organismes?

5. Quelles sortes de plantes seront sélectionnées pour cet aquarium?

6. Quelles sortes d'animaux?

7. À quels intervalles, comment et par qui seront faits l'entretien de l'aquarium et l'alimentation des organismes?

Dès que l'aquarium est monté, emploie la fiche d'informations qui apparaît dans ton cahier.

Terrarium

1. Un terrarium peut reconstituer un environnement terrestre ou semi-aquatique. Lequel de ces environnements sera recréé?

2. Quel milieu naturel (un champ, un désert, etc.) représentera-t-il?

3. Quels matériaux nécessite l'élaboration du terrarium?

4. Quelles seront les dimensions du terrarium?

5. Au moyen d'un croquis, donne un aperçu de l'aménagement du terrarium.

6. Quelle sorte de végétation implantera-t-on?

7. Quels types d'animaux et combien d'entre eux ce terrarium peut-il accommoder?

8. À quelle fréquence, comment et par qui l'alimentation des organismes et l'entretien général s'effectueront-ils?

Dès que le terrarium est monté, reporte-toi à la fiche d'informations et remplis-la périodiquement.

Insectarium

1. À quel(s) type(s) d'insecte(s) sera destiné ce vivarium?

2. Quels matériaux exige son élaboration?

3. Quelles en seront les dimensions?

4. Par un croquis, illustres-en l'aménagement intérieur.

5. Les insectes ne doivent pas manquer de nourriture. Comment l'approvisionnement se fera-t-il?

6. En quoi consiste l'entretien d'un insectarium?

7. Qui sera responsable de l'alimentation des insectes? Qui s'occupera de l'entretien général?

Pour suivre le fonctionnement de l'insectarium et en assumer adéquatement la responsabilité, utilise la fiche d'informations. Remplis-la de façon périodique.

Vivarium pour vers de terre

Dans un terrarium déjà existant et qui satisfait à certaines conditions — voir les questions ci-après — il est possible d'inclure un élevage de vers de terre. Sans doute, un vivarium à part, uniquement destiné aux lombrics, est avantageux parce qu'il permet de constituer des réserves.

1. Quel genre de contenant se prête à l'élevage des vers de terre?

2. Pour répondre aux besoins des lombrics, que doit offrir le milieu de vie?

3. En quoi consiste l'entretien de ce vivarium?

Remplis périodiquement la fiche d'informations contenue dans ton cahier.

Vivarium pour fourmis (formicarium)

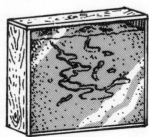

1. Quel matériel est nécessaire à l'élaboration d'un formicarium?

2. Au moyen d'un dessin, trace un plan de l'organisation du formicarium.

3. Quel entretien requiert ce vivarium?

À intervalles réguliers, remplis la fiche d'informations.

Herbarium

Tout comme le vivarium pour vers de terre, l'herbarium permet d'accumuler des réserves de nourriture. Il procure également du matériel, un échantillonnage de plantes, fort utile aux besoins du cours.

1. Quelles sortes de plantes seront choisies?

2. Quels sont les besoins particuliers (profondeur du semis, eau, etc.) de ces plantes?

3. Dans quel genre de contenant se développeront-elles?

4. Que comprend l'entretien de l'herbarium?

Lorsque l'herbarium est en opération, note tes observations sur la fiche d'informations.

module III
Étude du milieu

Préparation de l'excursion

Les informations concernant les excursions dans divers milieux sont intégrées à ce chapitre et paraissent sous la rubrique *sur le terrain*. Mais avant d'entreprendre l'exploration des milieux, une certaine préparation est nécessaire : tu dois te familiariser avec la méthode de la recherche, les instruments de mesure et les techniques de récolte de spécimens.

Le quadrat

Un champ, une étendue boisée, le littoral marin sont des habitats beaucoup trop vastes pour songer à en faire un examen complet, global. En effet, ni un individu, ni même plusieurs ne pourraient parvenir à compter, à mesurer, à identifier, à observer tous les arbres d'une forêt entière... Pour contourner cette difficulté, les écologistes ont recours à la méthode du quadrat, c'est-à-dire qu'ils limitent leur étude à une ou à plusieurs portions du milieu.

L'étendue de l'échantillon du milieu varie selon les habitats. Dans un champ, par exemple, le quadrat est réduit et couvre une superficie moindre que celle d'une forêt d'arbres.

À moins d'indications contraires de la part du professeur, les dimensions des quadrats devraient s'apparenter à celles-ci :

Milieu	Quadrat
Champ, fossé	2 m
Forêt d'arbres	10 m
Forêt d'arbustes	3 m
Littoral	5 m

Le matériel requis pour monter un quadrat sur le terrain comprend :
- 4 piquets;
- 1 marteau ou tout autre objet dur pour enfoncer les piquets;
- une corde dont la longueur équivaut, au moins, aux quatre côtés du carré et qui est métrée avec du ruban gommé ou une ficelle de couleur.

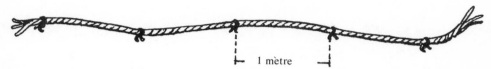

Pour vérifier si tu pars du bon pied, réponds, dans ton cahier, à la question suivante :

1. Quelle est la longueur de corde nécessaire pour tracer un quadrat dans un champ?

Maintenant informé des dimensions appropriées et équipé adéquatement, tu concentreras ton étude lors des excursions, sur des mini-milieux représentatifs de l'ensemble de l'habitat.
Ton champ d'observation, grâce à la méthode du quadrat, ressemblera à ceci :

À l'intérieur de ces mini-milieux, tu auras à considérer deux catégories de facteurs : les facteurs physiques et les êtres vivants.

Les facteurs physiques

La température, la luminosité, le vent, le sol et l'eau sont des composantes physiques d'un milieu. Pour les mesurer, et éventuellement comprendre leur importance, tu dois, avant de te rendre sur le terrain, savoir utiliser un certain nombre d'instruments et maîtriser quelques techniques. Tour à tour, nous passerons en revue ces instruments et leur mode d'emploi.

La température

Un thermomètre : rien de plus simple à utiliser… Mais, lorsque tu auras à évaluer différentes températures, celle de l'air ou celle de l'eau, par exemple, procéderas-tu toujours de la même façon, de la bonne façon ? Observe les dessins qui suivent et, dans ton cahier, réponds aux questions :

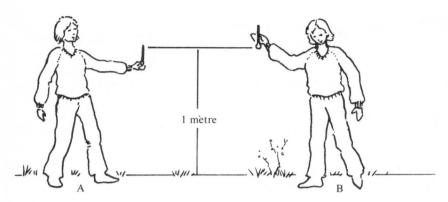

1 mètre

A   B

2. Lequel de ces deux élèves prend la température de l'air à un mètre du sol ? Justifie ta réponse par deux motifs.

3. Tu veux mesurer la température de l'eau contenue dans un bocal. Combien de temps laisseras-tu le thermomètre dans l'eau ? Justifie ta réponse.

La prochaine illustration montre deux élèves qui essaient de mesurer la température du sol. Leur but est de comparer l'exactitude de leur thermomètre.

4. Selon toi, leur façon de s'y prendre est-elle correcte ? Explique-toi.

La luminosité

Le photomètre est l'instrument qui sert à mesurer l'intensité de la lumière. D'après le modèle qui t'est présenté par le professeur en classe, tu peux constater que cet instrument comprend toute une série de chiffres.

Pourtant, son échelle, pour l'utilisation sur le terrain, se révèle un peu trop détaillée. En conséquence, il serait préférable de la simplifier en regraduant le photomètre.

5. Avec tes camarades et ton professeur, détermine donc trois niveaux d'intensité lumineuse : faible, moyenne et forte. Spécifie, dans ton cahier, à quels chiffres correspond chacun des trois niveaux.

Quant au fonctionnement du photomètre, il est facile à apprendre. Tu n'as qu'à relever l'intensité de la lumière à trois ou quatre endroits différents dans la classe.

Le vent

La vitesse du vent se mesure avec un anémomètre.
Gros problème ! pas un seul anémomètre dans la classe…
Alors pourquoi ne pas en fabriquer un *modèle maison* ?
Nous t'en proposons un.

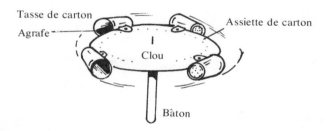

Surtout, n'oublie pas que ton anémomètre maison doit être gradué pour pouvoir identifier au moins trois niveaux de vitesse : faible, moyenne et forte.
Mais comment graduer ton instrument ?

Cette opération, qui exige l'emploi d'un ventilateur, peut se faire ainsi :
- branche le ventilateur;
- place l'anémomètre maison dans la direction du vent à une distance telle qu'il tournera lentement;
- compte les tours complétés en 15 secondes — en conservant la même distance — et multiplie ce nombre par 4 pour obtenir la vitesse de rotation à la minute;
- reprends la même opération en réduisant, cette fois, pour pouvoir déterminer une vitesse moyenne, la distance qui sépare l'anémomètre du ventilateur;
- reprends une dernière fois l'opération en situant l'anémomètre assez près du ventilateur pour qu'il tourne rapidement.

6. Dans ton cahier, indique la graduation à laquelle tu te référeras et qui te permettra d'évaluer la vitesse du vent (ex.: x tours/minute = vitesse moyenne).

Le sol

La technique qui vise à étudier le sol d'un quadrat consiste à creuser une certaine aire, environ 60 cm de diamètre sur 50 cm de profondeur, pour mettre en évidence les diverses couches qui sont superposées. Cette aire dégagée nous donne une coupe verticale du sol, communément appelée un profil de sol.

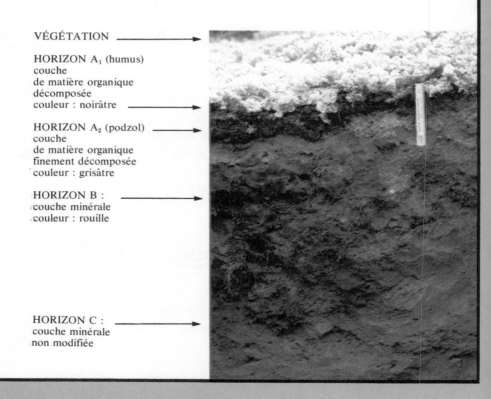

VÉGÉTATION

HORIZON A_1 (humus)
couche
de matière organique
décomposée
couleur : noirâtre

HORIZON A_2 (podzol)
couche
de matière organique
finement décomposée
couleur : grisâtre

HORIZON B :
couche minérale
couleur : rouille

HORIZON C :
couche minérale
non modifiée

Sur le terrain, afin d'identifier chaque couche ou horizon et d'établir le profil du sol, tu auras besoin :

- d'une pelle ;
- d'une règle ;
- de sacs de polyéthylène pouvant contenir les échantillons de sol des diverses couches ;
- d'étiquettes pour identifier les échantillons.

Les êtres vivants

L'étude des êtres vivants porte autant sur la végétation que sur les animaux. Amorcée sur le terrain, elle sera continuée en classe, grâce aux récoltes de spécimens.

La végétation

Le matériel nécessaire à la récolte de plantes comprend :

- un déplantoir ;
- un grand sac de polyéthylène ;
- quelques petits sacs de papier.

Pour récolter des plantes dites *terrestres*, il suffit de :

- choisir un spécimen de chaque sorte, qui soit complet, c'est-à-dire qui incluent la tige, les feuilles, les fleurs ou les fruits ;
- dégager délicatement la racine à l'aide du déplantoir ;
- secouer un peu la racine pour la débarrasser du surplus de terre ;
- placer les plants complets dans le sac de polyéthylène.

Les autres plantes, comme les mousses et les lichens, de même que les graines et les fruits isolés, seront réparties dans des sacs de papier.

Les insectes

Dans plusieurs milieux, champ, forêt, bord de route, etc., les insectes constituent la faune la plus abondante. Leur capture s'effectue grâce à deux moyens : le filet ou le piège.

L'utilisation du filet à insectes s'avérera efficace si, en te déplaçant lentement, tu l'agites vigoureusement près du sol ou à travers la végétation. Après quelques battements, ferme le filet près de l'ouverture en l'enclant avec tes mains. Puis, ouvre-le juste assez pour introduire un bocal, et procède comme l'indique l'illustration suivante :

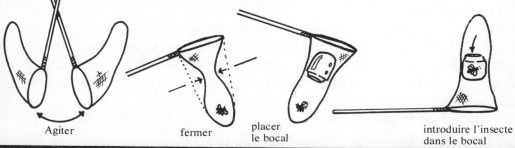

| Agiter | fermer | placer le bocal | introduire l'insecte dans le bocal |

Le piège à insectes, tu le fabriques avec une boîte de conserve dont un des couvercles a été enlevé. Tu enfonces ce piège dans le sol pour plusieurs jours consécutifs et fais des prélèvements de préférence chaque jour. Si tu veux augmenter tes chances de succès et de prise, tu peux placer un appât (confiture, miel, etc.) dans la boîte.

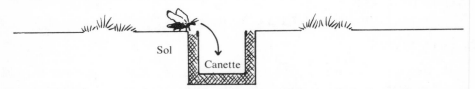

En ce qui a trait aux grenouilles, salamandres, vers, de même qu'à la plupart des petits animaux du littoral marin, les mains représentent le meilleur outil de capture. Tu déposes les spécimens capturés dans divers contenants en plastique. Selon le cas, ces contenants renfermeront de l'eau ou un peu de terre humide.

La capture des couleuvres est un peu plus difficile. Équipe-toi d'une branche fourchue afin d'immobiliser ta proie. Saisis-la derrière la tête et emprisonne-la dans un contenant approprié.

Sur le terrain

Un champ, un boisé, le littoral marin, un secteur urbain sont autant de milieux qui se prêtent à une étude écologique.

Lorsque le milieu est choisi, les équipes sont formées et la répartition du travail à l'intérieur de l'équipe, c'est-à-dire la tâche qui revient à chacun des membres, est établie.

Dans les pages qui suivent, la façon d'étudier chacun des habitats est expliquée. De toute évidence, il serait bon d'en prendre connaissance avant d'entreprendre l'excursion.

Dans le cahier apparaissent les fiches d'excursions. Celles-ci comprennent deux sections : la liste du matériel adapté à l'étude de chacun des habitats et l'espace où compiler les observations.

La liste du matériel est à compléter, en ce sens que chaque équipe doit cacher les articles à apporter sur le terrain et indiquer la quantité. Quant aux observations, elles seront notées sur la fiche au fur et à mesure de l'excursion.

Toujours dans le cahier, en plus des observations, tu inscriras les réponses aux questions qui te sont posées ci-après.

Le champ

Aspect général
En premier lieu, observe l'aspect d'ensemble du champ.

1. Le champ est-il plat? en pente? vallonné?

2. Exécute un croquis qui donne un aperçu de l'aspect d'ensemble du champ et situe l'emplacement du quadrat.
   Érige le quadrat avec les autres membres de l'équipe, à l'aide de la corde métrée et des piquets.

3. Quelle est la dimension du quadrat?

Le climat
Afin d'évaluer les facteurs climatiques, utilise l'anémomètre, le thermomètre et le photomètre.

4. Emploie l'anémomètre pour déterminer la vitesse du vent à 10 cm au-dessus de la surface du sol, puis à 30 cm, à 60 cm et à 100 cm.

5. S'il y a des différences entre les vitesses enregistrées à diverses hauteurs, quelles en sont les causes?

6. Avec le thermomètre, mesure les températures à :
   - 2 mètres au-dessus du sol;
   - 1 mètre au-dessus du sol;
   - la surface du sol;
   - 10 cm dans le sol.

7. Avec le photomètre, mesure l'intensité lumineuse :
   - juste au-dessus du tapis de la végétation;
   - à la surface du sol;
   - sous la végétation.

Le sol
Creuse un trou d'environ 60 cm de diamètre sur 50 cm de profondeur.

8. Quelle est la texture du sol? Est-il sablonneux? argileux? rocailleux?

9. Fais un croquis du profil de sol et décris-le en tenant compte des particularités mentionnées dans le cahier.

En te servant du déplantoir, prélève un échantillon de terre de chaque couche. Dépose les échantillons séparément dans les sacs de polyéthylène. Identifie les horizons en plaçant une étiquette dans chacun des sacs. Lorsque l'étude du sol est terminée, remplis le trou.

La végétation
À l'intérieur du quadrat, examine attentivement les plantes. Remarque les tiges, les feuilles, leur disposition sur les tiges, l'apparence des fleurs et des fruits.

10. Toutes les plantes du quadrat sont-elles identiques?

11. Combien y a-t-il de sorte de plantes? Prends soin d'en identifier chaque sorte par une lettre et indiques-en les principales caractéristiques.

12. Certaines sortes sont-elles plus abondantes que d'autres? Explique-toi.

13. Les plantes les plus abondantes ont-elles comme particularité d'être les plus hautes? les plus petites? Explique-toi.

14. Est-ce que certaines feuilles présentent des taches? Quelles sont la forme, la dimension et la couleur de ces taches?

15. Des feuilles ont-elles été mangées, partiellement ou en totalité?

16. As-tu relevé d'autres observations sur la végétation du quadrat?

Lorsque l'étude des plantes est achevée, récolte un seul spécimen de chaque sorte.

Les animaux
17. Quelles sortes d'animaux habitent ce mini-milieu, ton quadrat?

18. Y a-t-il des indices — sentiers, trous, nids, cris, etc. — qui révèlent la présence de certains animaux? Justifie ta réponse.

19. As-tu recueilli d'autres informations sur la faune du milieu étudié?

N'oublie pas tes réserves d'animaux. Profite de l'occasion : rapportes-en des spécimens.

Le milieu boisé

Aspect général

1. De quel genre de milieu boisé s'agit-il?

2. D'après la vue d'ensemble, ce milieu est-il plat? vallonné?

3. Exécute un croquis qui illustre l'aspect général de l'habitat et qui localise le quadrat.
Délimite le quadrat en procédant de la façon usuelle.

4. Quelle est la dimension du quadrat?

Le climat

5. Avec l'anémomètre, évalue la vitesse du vent à diverses hauteurs au-dessus de la surface du sol : 10 cm, 30 cm, 60 cm, 100 cm.

6. S'il existe des différences de vitesse selon les hauteurs, à quoi peux-tu les attribuer?

7. Prends la température de l'air à deux mètres, puis à un mètre au-dessus de la surface du sol.

8. Indique la température du sol à sa surface et à 10 cm sous la surface.

9. Enregistre l'intensité lumineuse à divers niveaux et à divers endroits.

Le sol

Creuse un trou aux dimensions appropriées pour obtenir le profil du sol.

10. Quelle est la texture du sol? sablonneux? argileux? rocailleux?

11. Esquisse le profil du sol. Décris-le à partir des caractéristiques fournies dans le cahier.

À l'aide du déplantoir, prélève un échantillon de terre de chaque horizon. Dépose chaque échantillon dans un sac de polyéthylène dont l'étiquette révèle l'identité de l'horizon.
Après avoir terminé l'étude du sol, remplis le trou.

La végétation

Parcours le quadrat attentivement. Observe les feuilles des plants, trouve leur disposition sur les tiges. Examine les fleurs, les fruits, les tiges.

12. Toutes les plantes du quadrat sont-elles de la même sorte?

13. Combien de sortes distingues-tu? Différencies-en chaque sorte par une lettre et énumères-en les principales caractéristiques.

14. En nombre, est-ce que certaines sortes prédominent? Explique-toi.

15. Les plantes les plus abondantes sont-elles les plus hautes? les plus petites? Explique-toi.

16. Y a-t-il des plantes qui ne poussent qu'à l'ombre? Qu'à la lumière?

17. Note les autres observations concernant la végétation du quadrat. Avant de quitter le milieu, récolte des spécimens, un de chaque sorte.

Les animaux

18. Est-ce que certains indices — terriers, sentiers, empreintes, nids, cris, etc. — indiquent la présence d'animaux?

19. Quels animaux habitent ce milieu?

20. Note toutes les observations relatives aux animaux du milieu en question.

Prévois... Il te faudra des réserves d'animaux. Captures-en des spécimens.

Le littoral

Aspect général

1. La surface du littoral est-elle plane? en pente? ondulée?

2. Est-ce que le littoral comprend des zones de roches? de galets? de sable? de gravier?

3. À marée basse, subsiste-t-il de petites nappes d'eau?

4. Trace un croquis qui montre l'aspect général de l'habitat; situe l'endroit où le quadrat sera implanté.

Érige le quadrat dans un secteur représentatif du milieu.

5. Quelle est la dimension du quadrat?

Le climat

6. Avec l'anémomètre, mesure la vitesse du vent à différentes hauteurs au-dessus du niveau du littoral.

7. Évalue la température de l'air, également à diverses hauteurs.

8. L'eau des petites nappes, quelle est sa température?

9. L'intensité lumineuse, que tu mesures avec le photomètre, est-elle la même en divers endroits du littoral?

La végétation

Fais le tour du quadrat. Examine attentivement les plantes qui s'y trouvent.

10. Toutes les plantes du quadrat sont-elles de la même sorte?

11. Combien de sortes de plantes remarques-tu? Identifie chaque sorte par une lettre et dégages-en les principales caractéristiques.

12. Certaines sortes sont-elles plus abondantes que d'autres? Explique.

13. Y a-t-il des plantes fixées, d'autres qui sont libres?

Avant de quitter ce milieu, récolte un spécimen complet de chaque sorte.

Les animaux

14. Quels animaux vivent dans ce milieu? Où les trouves-tu? (nappes d'eau, sable, etc.)

15. As-tu remarqué la présence de fragments ou des cadavres d'animaux?

Pense aux réserves... Rapportes-en un spécimen de chaque sorte, dans des contenants qui, selon le cas, renferment de l'eau ou un peu de terre humide.

Le milieu urbain

1. De quel genre de secteur urbain est-il question? S'agit-il d'un secteur résidentiel, industriel ou commercial?

2. Est-ce que les immeubles sont accolés les uns aux autres ou séparés?

3. Y a-t-il surtout des immeubles à étages multiples?

4. Décris l'apparence des bâtisses.

5. Les rues et les trottoirs sont-ils propres? Si ce n'est pas le cas, quels objets contribuent à la malpropreté?

6. Perçois-tu des odeurs? Quelle en est l'origine?

7. Y a-t-il du bruit? Quelles sont les sources de bruit?
Pour mesurer l'intensité du bruit, utilise l'indicateur sonore d'un appareil à enregistrer portatif. Selon la position de l'aiguille, détermine trois zones d'intensité : faible, moyenne et forte.

8. Avec cet appareil portatif, mesure l'intensité sonore à cinq endroits différents du quartier.

9. Observe la circulation à un endroit donné. Compte le nombre de piétons et de véhicules (automobiles, camions, autobus, bicyclettes, etc.) qui passent à cet endroit, durant soixante secondes.

Le climat

10. Mesure la vitesse du vent à cinq endroits du quartier. Inscris tes résultats dans le cahier.

11. À ton avis, comment s'expliquent les variations d'intensité du vent?

12. À l'aide du photomètre, évalue l'intensité lumineuse à l'ombre d'un édifice, ainsi que là où il y a du soleil.

13. Quelle est la température :
- de la chaussée à l'ombre? au soleil?
- de l'air à l'ombre? au soleil?

La végétation

14. Dans le secteur, y a-t-il des arbres? Où sont-ils situés?

15. Les édifices et les maisons sont-ils entourés de pelouses?

16. Vois-tu des fleurs? Où?

17. Dans le quartier, est-ce qu'un espace vert a été aménagé?

18. Note toutes les autres observations qui t'informent sur la végétation de ce secteur urbain.

Prélève des échantillons de la végétation, avec discernement, car tu ne dois pas endommager la propriété d'autrui.

Les animaux

19. Énumère les diverses sortes d'animaux qui se trouvent dans ce secteur urbain.

20. Quelle(s) sorte(s) est (sont) la (les) plus abondante(s)?

21. Parmi les animaux dépistés, combien de sortes sont domestiquées? Nomme-les.

22. La plupart des animaux sont-ils en liberté? Explique-toi.

23. Y a-t-il des indices, cris, excréments, etc., qui révèlent la présence d'animaux?

24. Fais un croquis de quartier en adoptant la légende suivante :

////   = habitations, immeubles, etc.

+ + + + = rues, ruelles, trottoirs

XXXX   = végétation

Autant que possible, essaie de reproduire chaque élément selon de justes proportions.

Le retour de l'excursion

Au retour du terrain, le travail qui reste à faire se répartit en trois étapes :
- le nettoyage et le rangement du matériel ;
- la conservation des spécimens récoltés ;
- la mise en commun des informations recueillies.

Nettoyage et rangement du matériel

Dès l'arrivée en classe, chacune des équipes doit nettoyer le matériel et les instruments qui ont été utilisés. Ensuite, il faut les ranger, de même que sacs, bocaux, pelles et autres objets non utilisés.

Conservation des spécimens récoltés

Le matériel biologique, vivant ou non, provenant des récoltes effectuées sur le terrain, est à conserver en bon état pour étude et utilisation postérieures.

Insectes et animaux

En ce qui concerne les insectes, il conviendrait d'en maintenir le plus grand nombre vivants, en les plaçant dans l'insectarium ou le terrarium déjà monté(s). D'autre part, quelques spécimens de chaque sorte peuvent servir au montage d'une collection. Pour ce faire, dépose les insectes sélectionnés dans un bocal où tu introduis un tampon d'ouate imbibé d'éther.

Ouate imbibée d'éther

Une fois les insectes morts, fais-les sécher à l'étendoir pendant quelques jours — voir l'illustration ci-après. Quelque temps après, étends l'animal sur un carton rigide et épingle-le.

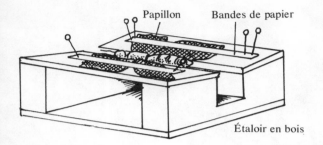

Papillon   Bandes de papier

Étaloir en bois

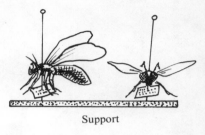

Support

Les autres animaux vivants, à savoir : les grenouilles, crapauds, vers, etc., seront logés dans les vivariums qui ont été aménagés à cette fin. Si quelques spécimens meurent, il y a moyen de les conserver en les plaçant dans des bocaux remplis de formaline à 15 p. 100.

Végétaux

La conservation des végétaux est un travail à achever le plus tôt possible après le retour de l'excursion.

Les algues seront placées dans l'aquarium marin ou dans des bocaux contenant de l'alcool à 10%. Les champignons, également, peuvent être préservés dans une solution d'alcool. Cependant, une précaution s'impose : accoler sur les bocaux les étiquettes appropriées.

Nom du spécimen
Date de la récolte
Lieu de la récolte
Récolté par

Pour faire sécher les mousses et les lichens, il suffit de les garder pendant quelques jours dans des sacs ou des enveloppes étiquetés. Ensuite, tu colles les spécimens sur des feuilles de papier résistant ou des cartons et prends soin d'identifier ces spécimens.

Les autres plantes, entières, ainsi que les feuilles isolées, doivent être séchées et pressées avant d'être groupées dans un herbier.

Montage d'un herbier

La façon de procéder pour monter un herbier est illustrée ci-après :

A) étale chaque spéci-
men dans une che-
mise faite de feuilles
doubles de papier
journal ;

B) empile les chemises
en plaçant un
buvard ou du papier
journal entre cha-
cune d'elles ;

C) place deux planchet-
tes de contre-plaqué
(40 cm × 50 cm) et,
sur la planchette du
dessus, dépose une
masse d'environ
25 kg.

Chaque jour, ouvre les chemises pour permettre l'aération et remplace les buvards qui auront absorbé l'humidité. Puis, range les chemises entre les planchettes, sans oublier de replacer la masse sur la planchette du dessus, afin de maintenir sur les plantes une certaine pression. Ces opérations seront répétées jusqu'à ce que les plantes deviennent sèches, c'est-à-dire facilement cassantes.

Lorsque les spécimens sont prêts, fixe-les, avec de la colle ou du ruban adhésif, sur des feuilles de papier blanc résistant, aux feuilles d'herbier. Dans le coin inférieur droit de chacune de ces feuilles, pose une étiquette fournissant les informations sur le spécimen en question.

Sol

Grâce aux échantillons de sol, tu peux isoler un certain nombre d'organismes et reconstituer le profil observé sur le terrain.

Pour recueillir les organismes du sol, équipe-toi d'un montage comme celui qui apparaît à l'illustration suivante :

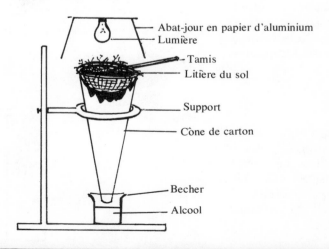

Dans le tamis, dépose un peu de terre provenant de la couche superficielle. Vingt-quatre heures plus tard, à l'aide d'une loupe examine les organismes qui se trouvent dans le becher. Puis, transvase le contenu du bécher dans un bocal étiqueté adéquatement.

Le profil de sol est facile à reconstituer. Réfère-toi aux illustrations ci-après et aux indications qui les accompagnent.

A) sur une feuille d'herbier trace une bande de 7 cm sur 40 cm;

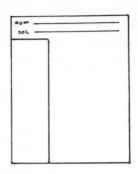

B) sur cette bande, situe les horizons en prévoyant un espace proportionnel à l'espace occupé par chaque horizon;

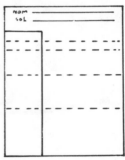

C) étends une mince couche de colle. Par-dessus, saupoudre un peu de terre de façon que les divers horizons soient aisément identifiables;

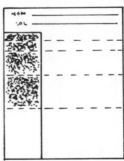

D) à la droite du profil, inscris les caractéristiques qui déterminent chaque couche : épaisseur réelle, texture du sol, couleur, etc.

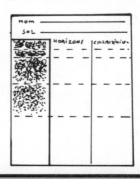

Mise en commun des informations

Partager les informations est une étape tout aussi importante que les précédentes, car elle permet une évaluation du travail accompli.

Partager les informations, c'est discuter et comparer, avec les membres des autres équipes, les observations et les résultats accumulés.

MODULE IV
Un monde en relation

Espèces et populations

Au premier chapitre, tu as constaté que les êtres vivants ont des caractéristiques communes telles que la capacité de se reproduire, de croître, etc. Toutefois, ils ne sont pas tous identiques : des caractéristiques particulières permettent de les distinguer.

Prenons comme exemple un étalage de feuilles ; il témoigne de quatre grandes différences :

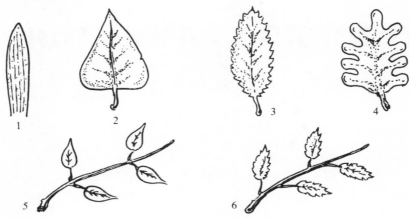

Ces différences, les biologistes les désignent par des termes appropriés. Ainsi, ils identifient :

- une différence de forme : feuille ronde, ovale, triangulaire, en aiguille, etc.
- une différence dans la disposition des nervures : nervures parallèles, nervures non parallèles, etc.
- une différence du contour : feuille lobée, dentée, entière, etc.
- une différence dans la disposition des feuilles sur la tige : feuille opposée, feuille alterne, etc.

1. Examine de nouveau l'étalage de feuilles. En adoptant les numéros de l'illustration, indique dans ton cahier laquelle ou lesquelles présente(nt) les caractéristiques suivantes :

a) feuille à nervures non parallèles ;
b) feuille entière ;
c) feuille entière et à nervures non parallèles ;
d) feuille ovale, dentée, alterne et à nervures non parallèles.

L'exercice que tu viens de terminer montre que plus tu rassembles de caractéristiques, moins il y a de spécimens qui répondent à la description. Tu peux refaire un exercice identique à partir des spécimens de l'herbier ; il renforcera sans doute ta première constatation.

Chez les plantes comme chez les animaux, tous les individus possédant des caractéristiques particulières communes, des ressemblances en matière de structures, sont groupés en une même catégorie, l'**espèce**.

En général, les individus qui appartiennent à la même espèce ont la capacité de se reproduire entre eux et de donner naissance à des descendants. Le mot espèce sert ainsi à désigner un ensemble d'êtres vivants qui présentent des caractéristiques semblables et qui sont capables de se reproduire entre eux.

2. Observe les organismes d'un vivarium ou les échantillons contenus dans l'herbier. En t'appuyant sur les caractéristiques externes, détermine le nombre d'espèces qui s'y trouvent. Identifie les principaux critères qui t'ont permis de distinguer les espèces.

Tous les individus d'une même espèce qui occupent un milieu donné, à un moment donné, forment une population. Le plus souvent, un milieu naturel est habité par plusieurs populations.

L'illustration qui suit représente un milieu et ses habitants.

3. Combien de population vivent dans ce milieu?

4. Quelle population, en nombre, est la plus importante?

5. De combien d'individus la population A est-elle constituée?

LÉGENDE.

Espèce A

Espèce B

Espèce C

Espèce D

Espèce E

Relations entre êtres vivants

Dans un milieu naturel, les individus établissent des relations avec les membres de leur propre population et avec ceux des autres populations. Leur survie dépend de relations dont il existe une variété. Nous passerons les principales d'entre-elles en revue.

Les relations fondamentales

6. Qu'arrive-t-il à un animal lorsqu'il est totalement privé de nourriture pendant longtemps?

Observe la série d'illustrations apparaissant ci-après et réponds aux questions 7, 8 et 9 qui s'y rapportent.

7. De quoi le lièvre se nourrit-il?

8. Est-ce que le faucon s'alimente de plantes ou d'animaux?

9. Quelles catégories d'êtres vivants sont mangés par les ratons laveurs?

Tes réponses mettent en évidence le fait que les animaux n'ont pas tous le même régime alimentaire. Certains se nourrissent de populations végétales, d'autres de populations animales ou, encore, ils ont un régime combinant végétaux et animaux.

On appelle consommateurs les organismes qui, pour combler leurs besoins alimentaires, se nourrissent de plantes ou d'animaux.

Regarde maintenant les illustrations suivantes :

10. Lorsqu'une plante ou un animal meurt, demeure-t-il intact ? Explique-toi.

11. Les cadavres de végétaux ou d'animaux sont envahis par de petits organismes. Nommes-en deux.

12. De quoi ces organismes se nourrissent-ils ?

13. En agissant de la sorte, à quoi contribuent-ils ?

On nomme décomposeurs les êtres vivants qui s'alimentent de plantes et d'animaux morts.

Jusqu'à présent, nous avons distingué deux catégories : celle du **consommateur** qui s'approvisionne de plantes ou d'autres consommateurs, et celle du **décomposeur** dont l'alimentation consiste en végétaux et en animaux morts.

Mais qu'advient-il des plantes ? Comment s'alimentent-elles ? Les plantes ont la capacité de produire elles-mêmes leur nourriture à partir de la lumière et de substances puisées dans le milieu, suivant un mécanisme qui sera expliqué dans un module subséquent; pour cette raison, ces plantes sont appelées des producteurs.

Les trois catégories, c'est-à-dire le consommateur, le décomposeur et le producteur, se trouvent ordinairement dans un même milieu naturel. Les trois catégories sont impliquées dans des relations fondamentales établies sur des fonctions alimentaires qui prennent la forme de chaîne alimentaire.

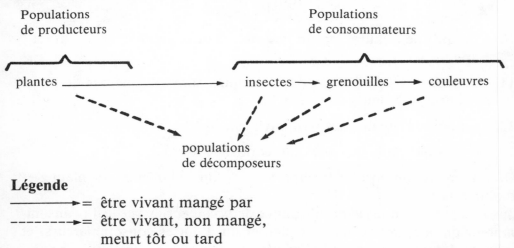

Légende

———————►= être vivant mangé par

--------►= être vivant, non mangé, meurt tôt ou tard

14. Pour mettre en pratique ces notions, termine les chaînes alimentaires qui apparaissent dans ton cahier.

La fonction alimentaire particulière

Elle apparaît sous deux aspects : le parasitisme et la prédation.

Le parasitisme

Il est question de parasitisme lorsqu'un organisme prélève sa nourriture sur ou dans un autre être vivant. On nomme parasite celui qui prélève la nourriture, et hôte celui qui la fournit.

N'importe quelle population de producteurs et de consommateurs peut agir en tant qu'hôte d'une ou de plusieurs populations de parasites. L'illustration qui suit donne quelques exemples de relations de parasite-hôte :

Pou   Ver   Ascaris
                       solitaire

Population de
parasites

Population   Porc
d'hôtes
Chien   Homme

15. Dans la forme de relation de parasite-hôte, quelle population retire des avantages?

16. Les parasites ont-ils avantage à ce que l'hôte meurt? Motive ta réponse.

La prédation

Dans la nature, plusieurs espèces animales se nourrissent d'autres espèces animales.

Le phénomène selon lequel certains animaux sont mangés par d'autres porte le nom de prédation. L'animal qui est mangé est la proie; celui qui consomme des proies est appelé prédateur.

L'illustration ci-après présente une forme de relation de proie-prédateur :

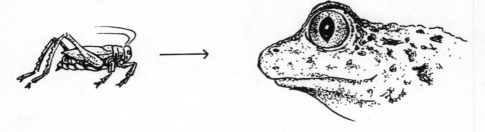

17. D'après cet exemple, quelle est la population
   a) de proies?
   b) de prédateurs?

Examine un autre exemple de relation alimentaire qui s'établit entre la proie et le prédateur :

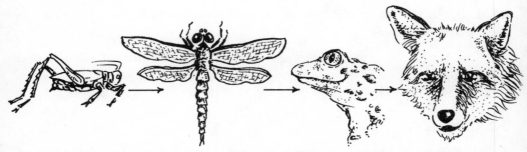

18. Réfère-toi à l'illustration et nomme la (ou les) population(s) :
   a) de proies uniquement
   b) qui est (sont) à la fois une (des) proie(s) et un (des) prédateur(s)
   c) de prédateurs uniquement.

En somme, la forme des relations alimentaires suit un schéma qui ressemble à ceci :

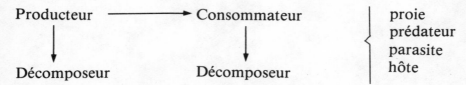

Autres types de relations entre êtres vivants

Le mutualisme

Il arrive souvent que deux populations s'associent pour retirer des avantages réciproques : ce type de relations se nomme mutualisme.
L'espèce humaine, en particulier, a instauré diverses formes de mutualisme avec d'autres êtres vivants. Par exemple, l'homme fournit de la nourriture au chien : en retour, cet animal le protège.

19. L'homme a domestiqué la vache. Explique cette forme de relation mutualiste.

Dans la photographie ci-dessus apparaît une association entre deux représentants de populations animales. Observe l'illustration et réponds aux questions qui s'y rapportent.

20. Qu'est-ce que le bison permet à l'oiseau de se procurer?

21. De cette association, quel avantage retire le bison?

Le commensalisme

Le commensalisme est une relation entre deux populations dont l'une profite de l'autre, mais sans lui nuire.

Un bon exemple de commensalisme nous est donné par les *pics-bois* et les merles. Les *pics-bois* creusent des trous dans les troncs d'arbres pour manger les insectes qui s'y logent. Les merles utilisent ensuite ces trous pour y installer leurs nids. Ces derniers tirent donc profit du travail de la population de pics, mais sans nuire à cette population, car, lorsque les pics ont épuisé la réserve d'insectes contenus dans un tronc, ils poursuivent leur recherche ailleurs.

La compétition

La compétition se manifeste quand les facteurs du milieu deviennent insuffisants pour satisfaire les divers besoins des occupants; alors naît une *concurrence* qui peut opposer soit des individus de populations distinctes.

Chez les plantes, la compétition est souvent déclenchée par un manque d'espace, de lumière ou d'eau. Pour illustrer ce phénomène, prenons le cas de deux populations végétales qui cohabitent et dont les besoins en lumière sont identiques. Le dessin ci-après montre que la population A croît plus rapidement.

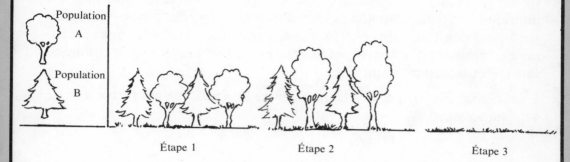

Étape 1   Étape 2   Étape 3

22. Selon toi, que se produira-t-il à l'étape 3?

Chez les animaux, la compétition survient pour la nourriture, l'espace et la reproduction.

La lutte pour la nourriture fait se confronter surtout les animaux d'une même population, parce que ceux-ci ont les mêmes besoins alimentaires. Plus les espèces ont des régimes alimentaires différents, moins la compétition est forte.

La concurrence pour l'espace survient du fait que chaque animal doit avoir à sa disposition un territoire suffisamment grand pour y trouver sa nourriture, un abri et de l'eau.

En ce qui a trait à la reproduction, la rivalité oppose généralement les mâles dans le choix d'une ou de plusieurs femelles. Cette forme de compétition est souvent reliée à la compétition pour l'espace, car, au moment du rut, les mâles ont tendance à délimiter et à défendre un territoire.

Où en sommes nous?

Comme nous l'avons vu, les relations entre les êtres vivants sont variées. Elles s'organisent à partir des exigences alimentaires et prennent la forme de chaînes alimentaires plus ou moins complexes, qui peuvent impliquer des consommateurs, des décomposeurs, des producteurs, des parasites, des hôtes, des proies et des prédateurs. Aux relations alimentaires s'ajoutent d'autres types de relations : le mutualisme, le commensalisme et la compétition.

L'ensemble des formes de relations entre les êtres vivants peuvent donc se résumer ainsi :

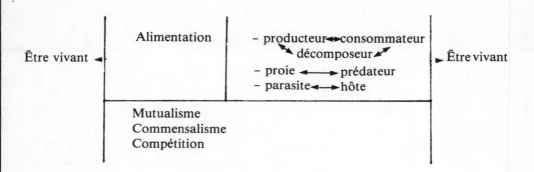

Action des facteurs non vivants sur les êtres vivants

Tout milieu naturel est constitué de deux éléments : les êtres vivants et les facteurs non vivants, physiques, tels que vent, température, précipitation, sol, lumière et substances chimiques.

Dans leur habitat, les populations, tant végétales qu'animales, sont soumises à l'action des divers agents physiques. Autrement dit, il existe des formes de relation entre le facteur non vivant et l'être vivant. Nous en examinerons quelques-unes.

Le vent et l'eau

Pour démontrer certains effets du vent et de l'eau, nous te proposons deux courtes expériences, accompagnées de questions, et un exercice d'observation.

Expérience 1. L'eau et les plantes

A) pèse
200 g de
terre ;

B) chauffe
cette terre
tout en la
brassant

C) pèse-la
de nouveau
après le
chauffage ;

D) laisse
refroidir la
terre ;

E) dépose de la terre dans un plat. Sèmes-y cinq graines de fève;

F) au même moment, dépose cinq graines de fève dans une même quantité de terre qui n'a pas été chauffée

G) trois jours plus tard, déterre les graines des deux plats et compare-les.

23. Entre la pesée en A et celle en C, quelle différence y a-t-il?

24. Qu'est-ce qui explique cette différence?

25. Que révèle la comparaison des deux groupes de graines au moment où tu les as déterrées?

26. L'eau contenue dans le sol exerce-t-elle une influence sur les graines des plantes? Explique-toi.

Expérience 2. Le vent et les plantes

A) prélève une plante de l'herbarium, un plant de fève, par exemple;

B) pèse la plante et son pot; inscris cette masse dans ton cahier.

27. Quelle est l'apparence des feuilles de cette plante? Décris-les.

1 mètre

C) place la plante, pendant vingt-quatre heures, devant un ventilateur en marche.

28. Après cette exposition de vingt-quatre heures, quels changements a subi la plante et quelle est la masse du montage?

29. Dans cette expérience, quelle a été l'influence du vent?

Les illustrations qui suivent font appel à ton sens d'observation. Elles présentent un cas d'érosion, c'est-à-dire une détérioration de la partie supérieure du sol.

A

30. Décris ce qui différencie l'illustration B de l'illustration A.

31. Quel facteur non vivant a causé cette érosion?

32. Quelles sont les conséquences de l'érosion sur les populations végétales et animales?

33. Nomme un autre facteur physique, à part l'eau, qui peut modifier la couche de surface du sol.

B

La température et la lumière

Plusieurs espèces animales, en particulier des espèces d'oiseaux, migrent chaque année. Le mot migration désigne les déplacements saisonniers, généralement du nord au sud et inversement, qui ont lieu entre une phase d'été et une phase d'hiver.

Le merle d'Amérique, un oiseau bien connu, habite nos régions durant l'été, comme l'indique l'illustration ci-après :

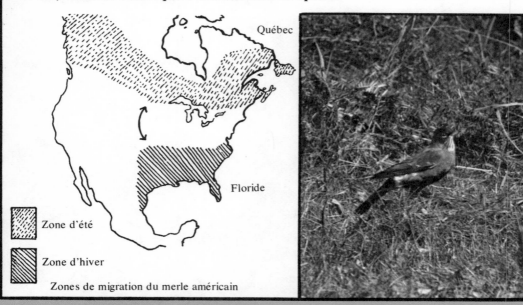

Québec

Floride

Zone d'été

Zone d'hiver

Zones de migration du merle américain

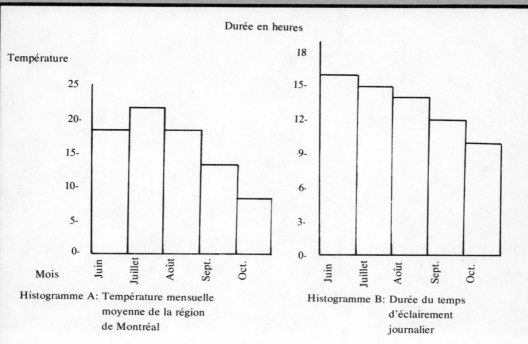

Histogramme A: Température mensuelle
moyenne de la région
de Montréal

Histogramme B: Durée du temps
d'éclairement
journalier

Il part à l'automne vers des cieux plus cléments. Son départ est influencé par des facteurs physiques.
Tu dégageras ces facteurs en analysant des histogrammes.

34. Globalement, quelles informations l'histogramme A procure-t-il?

35. Toujours d'après ce graphique, quelle différence de température y a-t-il entre le mois de juillet et le mois d'octobre?

36. Dans l'ensemble, que révèle l'histogramme B?

37. Le nombre d'heures d'éclairement quotidien en juin n'est pas le même qu'en octobre. Précises-en la différence.

Cette brève analyse t'indique que le départ des merles, à l'automne, coïncide avec des changements physiques.

38. Nomme deux facteurs physiques qui peuvent expliquer la migration des merles.

À l'automne également, plusieurs espèces d'arbres perdent leur feuillage. C'est le cas des érables, des peupliers, des hêtres, des bouleaux et des mélèzes.

39. En te reportant aux histogrammes, quels sont les deux phénomènes qui caractérisent cette période de l'année?

40. Deux facteurs physiques sont reliés à la chute des feuilles. Lesquels?

Maintenant passons aux expériences. Elles seront très courtes et illustreront mieux que les mots l'action de l'un des facteurs physiques étudiés.

Expérience 3. Les plantes réagissent-elles à la lumière ?

A   B

Réalise les montages suivants en utilisant deux plantes de la même espèce. Laisse-les en état de fonctionnement pendant vingt-quatre heures.

41. À ton avis, la plante réagira-t-elle à un éclairement d'un seul côté ?

42. À la fin de l'expérience, quel résultat as-tu obtenu ?

43. La lumière peut-elle influencer le comportement des plantes ?

44. La réaction de la plante du montage B est-elle avantageuse ? Explique-toi.

45. Pour que cette expérience soit valable était-il nécessaire d'utiliser deux montages ? Motive ta réponse.

Les polluants

Une substance solide, liquide ou gazeuse, est dite polluante, lorsqu'en raison de sa nature ou de sa quantité elle détériore l'habitat et nuit aux êtres vivants.

La plupart des polluants ne sont pas d'origine naturelle; presque tous proviennent des activités humaines.

Dans cette section, il ne sera question que des effets de certains polluants sur les eaux douces. Le sujet de la pollution sera abordé plus en profondeur dans les prochains modules.

Pour vivre et croître, les plantes vertes ont besoin de phosphore, de potassium, d'azote et d'autres substances qu'elles absorbent dans leur environnement.

Au printemps et à l'automne, les agriculteurs épandent dans les champs de ces substances sous forme de fumier ou d'engrais chimiques. Une partie d'entre elles atteint les fossés lors de l'épandage ou sous l'action des pluies. De là, elles parviennent aux ruisseaux, puis, aux rivières, aux lacs et aux fleuves.

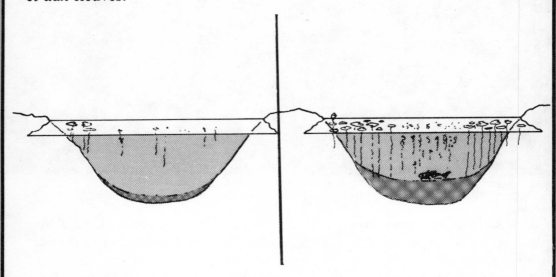

La présence d'engrais dans les masses d'eau accélère le développement des plantes aquatiques du rivage et des algues flottantes. Peu à peu, la surabondance de végétaux occasionne une coloration verdâtre, qui réduit graduellement la transparence de l'eau et la pénétration de la lumière.

La lumière étant indispensable aux végétaux, il s'ensuit une forte mortalité des plantes qui s'accompagne inévitablement d'une mortalité animale. Les plantes et les animaux morts s'accumulent au fond de la masse d'eau, ce qui contribue au remplissage du milieu aquatique.

Les acides
Plusieurs procédés industriels et mode de combustion produisent des gaz qui se dégagent dans l'atmosphère. Certains de ces gaz, comme l'anhydride sulfureux et les oxydes d'azote, se combinent aux vapeurs d'eau atmosphériques pour former des acides : l'acide sulfurique et l'acide nitrique.

Lors des pluies, les gouttelettes d'acides tombent à la surface du sol et dans les cours d'eau. Il en résulte, avec les années, une augmentation du taux d'acidité du sol et de l'eau.

La transformation chimique du sol et de l'eau se répercute sur les populations animales et végétales ; elle menace leur survie en rompant l'équilibre écologique. Au Québec seulement, on estime que, d'ici à 1990, 50 000 lacs seront pollués par les *pluies acides*, c'est-à-dire qu'ils deviendront peu propices à la vie.

À songer qu'aux *pluies acides* s'ajoutent d'autres polluants, insecticides, herbicides, plomb, mercure, pétrole et déchets solides, il apparaît évident que l'équilibre naturel est en danger et qu'il ne faut pas sous-estimer l'importance des agents physique et chimique.

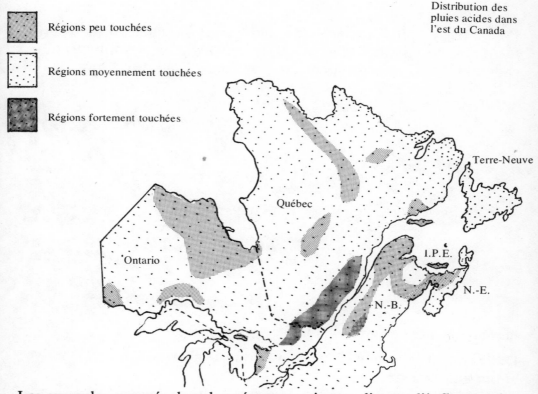

Régions peu touchées

Régions moyennement touchées

Régions fortement touchées

Distribution des pluies acides dans l'est du Canada

Terre-Neuve

Québec

Ontario

I.P.É.

N.-E.

N.-B.

Les exemples groupés dans la présente section soulignent l'influence du facteur non vivant sur l'être vivant. Ils soulignent l'existence d'un réseau de relations, qui pourrait être résumé ainsi :

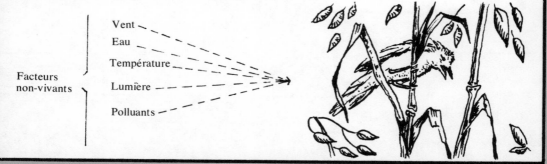

Facteurs non-vivants

Vent
Eau
Température
Lumière
Polluants

Action des êtres vivants sur les facteurs non vivants

Jusqu'à présent, tu as envisagé les relations entre le facteur non vivant et l'être vivant sous un angle bien précis : tu as découvert que les facteurs physiques et chimiques de l'environnement agissent sur l'existence de l'être vivant.

Cette situation peut-elle être abordée sous l'angle opposé? Autrement dit, est-ce que l'être vivant à son tour, exerce une action sur le facteur non vivant?

Pour diriger ta réflexion, nous te soumettons des exemples du comportement d'êtres vivants. En premier lieu, examine les illustrations ci-dessous; elles présentent des cas d'animaux fouisseurs :

46. Où ces animaux vivent-ils?

47. Avec quel agent non vivant sont-ils directement en relation? Observe un autre exemple.

48. Quel facteur physique est ici visé? Le barrage, qui est l'œuvre des castors, a pour effet de modifier le niveau de l'eau, de l'élever.

49. L'élévation du niveau d'eau peut-elle, à son tour, avoir une influence sur d'autres êtres vivants? Explique-toi.

Et nous?
Du strict point de vue écologique, le comportement des humains est-il différent de celui des autres populations? Est-ce que notre espèce peut vivre isolée, sans relation aucune avec les autres êtres vivants et indépendants des agents non vivants de l'environnement?
Ces questions nous amènent à situer la présence de l'homme et à réfléchir sur ses interventions.

L'homme et les autres êtres vivants

Comme tous les animaux, l'homme exerce un certain nombre de fonctions dont plusieurs sont vitales. Par exemple, il doit se nourrir pour survivre.

50. Nomme dix aliments qui font partie de la consommation courante des humains.

51. Un réseau alimentaire apparaît dans ton cahier; termine-le.

Tu constates que notre alimentation s'apparente à celle des autres espèces animales, tout au moins sous un aspect : elle suit des chaînes alimentaires.
Dans ces chaînes, l'homme joue surtout le rôle de consommateur, mais parfois, lui-même fournit de la nourriture à des populations parasites.

Quelques parasites de l'homme.

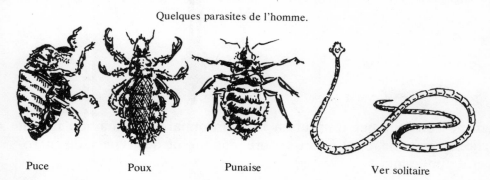

Puce   Poux   Punaise   Ver solitaire

L'homme et les facteurs non vivants

L'eau

La survie de l'individu, illustrée ci-dessous, dépend principalement d'un facteur physique et de l'environnement : l'eau.

L'eau ne convient pas toujours à la consommation humaine : il faut qu'elle soit potable, c'est-à-dire propre, dépourvue de déchets, de microbes et de polluants.

52. Où puisons-nous l'eau que nous consommons ?

L'eau polluée, il en a été question antérieurement. Il reste toutefois à dégager les conséquences de ce problème.

53. Indique deux conséquences de la pollution de l'eau, conséquences qui affectent notre espèce.

L'air et le sol

De l'air..., de l'air..., il nous en faut. Il est tout aussi indispensable à l'organisme humain que la nourriture et l'eau.

54. De quel gaz contenu dans l'atmosphère le corps humain a-t-il besoin?

La qualité de l'air, comme celle de l'eau, est souvent détériorée. Les activités industrielles, notamment celles qui impliquent la combustion du pétrole et du charbon, produisent une grande quantité de particules et gaz polluants.

55. Où la pollution de l'air risque-t-elle d'être davantage élevée?

Les particules et les gaz polluants, nous les absorbons en respirant. Or ils peuvent occasionner, en particulier là où la pollution est forte, des troubles respiratoires, tels que l'asthme, la bronchite, le cancer des poumons, des troubles de la peau et de la vue. En d'autres mots, la qualité de la vie humaine est directement reliée à la qualité de l'air.

Cette qualité de vie est également reliée au sol. Comment? Observe l'illustration suivante :

56. D'après l'illustration précédente, quelle relation s'établit entre l'homme et le sol?

Tu peux maintenant faire une mise au point.

57. Nomme trois facteurs non vivants sur lesquels l'homme peut agir.

58. Indique deux interventions de l'homme qui ont des conséquences négatives sur l'environnement physique.

59. Indique deux interventions qui ont des conséquences positives.

L'homme vit dans un système d'interactions avec les composantes de son environnement. Ce système peut-être représenté ainsi :

Espèce humaine ◄——— influence ——➤ non vivants
                                    ↕
                                  populations
                                  animales et végétales

Résumé

Entre les populations et les facteurs physiques composant leur environnement existe tout un réseau de relation. Les formes de relation qu'on a étudiées se répartissent en trois grandes catégories.

- êtres vivants ⟷ êtres vivants;
- facteurs non vivants ⟶ êtres vivants;
- êtres vivants ⟶ facteurs non vivants;

Les relations *êtres vivants* ⟷ *êtres vivants* concernent les interactions qui se manifestent entre les organismes d'une même population ou entre des individus de populations distinctes. Ces interactions adoptent les formes suivantes : la relation alimentaire, le parasitisme, le mutualisme, la relation de proie-prédateur et divers types de compétition.

Les relations *facteurs non vivants* ⟷ *êtres vivants* établissent un lien entre les facteurs physiques et chimiques du milieu et les organismes vivants. Ce lien montre que le vent, l'eau, la lumière, le sol, la température et les substances chimiques constituent des agents qui exercent une influence sur les êtres vivants.

Les relations *êtres vivants* ⟷ *facteurs non vivants* présentent les êtres vivants comme pouvant, à leur tour, agir sur l'environnement non vivant.

L'homme, en tant qu'être vivant, est impliqué dans tout le réseau des relations écologiques; il est en relation avec les autres formes de vie et avec les agents non vivants.

Questions de révision

(Réponds, à la même rubrique, sur les feuilles qui apparaissent dans ton cahier, à la fin du module IV).

1. Définis les termes suivants :
a) espèce
b) population
c) producteur
d) consommateur
e) décomposeur
f) parasitisme
g) mutualisme
h) commensalisme
i) prédateur
j) polluant

2. Dans un terrarium se trouvent 6 grenouilles léopardées, 3 grenouilles des bois, 26 vers de terre et 2 couleuvres rayées. Combien de populations occupent le terrarium ?

3. Dans cette chaîne alimentaire :
herbe ⟶ criquet ⟶ libellule ⟶ grenouille ⟶ renard, qui sont les prédateurs ?

4. Pour lequel des facteurs suivants les plantes d'une même population ne peuvent pas être en compétition ?
a) la lumière
b) l'eau du sol
c) l'espace
d) un territoire sexuel

5. Nomme quatre facteurs non vivants susceptibles d'avoir des effets sur les populations d'un milieu.

6. Énumère cinq polluants de l'eau.

7. Indique trois formes de relations entre l'homme et son milieu.

Suggestions de travaux

Recueillir des informations sur les effets du mercure, des insecticides ou du pétrole sur la population.

Réaliser une expérience sur la compétition chez les plantes. Pour ce faire, tu remplis les cases d'une boîte à œufs de la même sorte de terre. Tu emploies toujours une même sorte de graines, mais tu en sèmes un nombre différent dans chacune des cases, par exemple,
2 graines dans la case 1, 5 graines dans la case 2, etc. Tu arroses toutes les cases et prends soin de distribuer une quantité identique d'eau. Observe régulièrement ce qui se produit : ensuite, tu décris et en expliques les résultats.

Réaliser une expérience qui démontre l'influence de la température sur les grenouilles. Pour ce faire, tu dois évaluer la vitesse de déplacement de grenouilles placées, pendant la même période de temps, dans des conditions de températures différentes, par exemple, dans de l'eau glacée, dans de l'eau à 10°C, à 20°C, à 30°C, etc. Ensuite, tu décris le comportement des grenouilles et en formules une explication.

MODULE V
L'écologie des producteurs

Au module IV, tu as constaté que la survie des êtres vivants repose sur leur capacité de se procurer de la nourriture et d'établir entre eux des relations alimentaires. Dans ces relations, qui adoptent la forme de chaînes alimentaires, tu as noté que chaque maillon dépend du maillon précédent.

Le PREMIER MAILLON est toujours occupé par les PLANTES, car celles-ci ne dépendent d'aucun autre maillon pour se nourrir.
Alors, COMMENT LES PLANTES S'ALIMENTENT-ELLES?

Cette question a été soulevée antérieurement; nous n'y avons apporté qu'une réponse brève et incomplète. Toi, tu découvriras l'explication détaillée et la complexité de ce phénomène, à procéder comme les biologistes, c'est-à-dire par l'EXPÉRIMENTATION.

Pour ce faire, la classe a le choix entre deux formules :
- chaque équipe d'élèves, formée au sein de la classe, réalise toutes les expériences proposées,
  ou
- chaque équipe entreprend une expérience différente parmi celles qui sont proposées et, à la fin, elle en explique aux autres groupes la démarche et les résultats, pour que toute la classe puisse reconstituer le phénomène dans son ensemble.

Si l'on choisit la seconde formule, il faudrait que la gamme complète des expériences soit effectuée. Par ailleurs, la série d'expériences requiert **plusieurs spécimens de la même espèce végétale**. Il convient donc de prévoir, de faire pousser beaucoup de plants, par exemple, des plants de fèves.

De quoi les plantes ont-elles besoin pour se nourrir?

L'eau

Expérience 1. Le besoin d'eau chez les plantes

Terre sèche

Terre humide

A) identifie deux pots par les lettres A et B. Inscris tes initiales sur chaque pot;

B) dans le pot A, dépose de la terre sèche;

C) remplis le pot B de terre humide;

D) dans chacun des pots transplante deux jeunes plants de fèves sembla-bles. ATTENTION de ne pas blesser les raci-nes en déterrant les plants et en les trans-plantant;

E) place les deux plants dans un même endroit éclairé. Arrose la terre du pot B mais non celle du pot A.

Durant trois jours consécutifs, suis attentivement les changements qui s'opèrent pour ce qui est de l'apparence des feuilles et note tes observa-tions dans le tableau apparaissant dans ton cahier.

1. À la fin de l'expérience, compare l'apparence des feuilles.

2. À quoi cette différence est-elle attribuable?

3. De quoi une plante a-t-elle besoin pour vivre?

4. Dans cette expérience, deux plants ont été utilisés. À quoi le plant B servait-il?

Expérience 2.   Comment les plantes absorbent l'eau?

Ton professeur a amorcé l'expérience. Il a fait germer des graines de pois ou de radis sur du papier absorbant humide, étalé dans des plats de Pétri. Lorsque les racines ont atteint environ 1 cm de long, il a placé les plantules sur un treillis métallique surplombant un bassin d'eau colorée par l'addition d'un peu d'encre rouge ou de rouge Congo. Les racines des plantules ont baigné dans cette solution rougeâtre pendant deux ou trois jours.

C'est maintenant à ton tour de travailler. Procède selon la démarche suivante :

A) prélève une plantule et coupe sa racine à la base;

B) dépose cette racine entre deux lames de manière qu'une partie excède légèrement;

ATTENTION! Pour éviter d'écraser la racine, n'appuie pas trop fortement sur les lames.

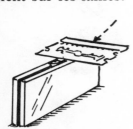

C) à l'aide d'une lame de rasoir, coupe une mince tranche de la racine;

D) au moyen de pincettes, dépose la tranche de racine sur une lame propre;

E) ajoute une goutte d'eau;

F) dépose une lamelle sur ta préparation;

G) examine ta préparation au microscope, à faible grossissement.

Dans l'espace prévu dans ton cahier, dessine ce que tu observes dans le champ microscopique.

5. Certaines parties internes de la racine se sont-elles colorées?

6. Quelle est la forme des structures colorées?

7. Comment s'explique la coloration de certaines parties de la racine?

8. Par où les plantes absorbent-elles l'eau?

9. Cette expérience met en évidence une des fonctions de la racine d'une plante. Quelle fonction?

Avant de commencer la prochaine expérience; une petite mise au point…

L'expérience 1 montre que l'eau est un élément essentiel à la vie des plantes.

L'expérience 2 montre que c'est par la racine que la plante puise cette eau.

Il te reste cependant à découvrir où va l'eau qui pénètre dans la racine.

Expérience 3.   La circulation de l'eau dans la plante
Cette expérience comporte quatre phases auxquelles se greffent une ou plusieurs questions. Les phases sont représentées dans l'illustration.

A) place une tige de céleri dans un becher contenant de l'eau colorée;

B) le lendemain, retire la tige du becher et coupe-la à environ 1 cm de son extrémité;

À l'œil nu ou à la loupe, examine l'extrémité de la tige et, dans ton cahier, dessine ce que tu vois.

C) effectue maintenant une coupe de la tige dans le sens de la longueur. PRENDS SOIN QUE LA LAME PASSE AU CENTRE D'UN DES CERCLES ROUGES:

D) replace, pendant 24 heures, une branche de céleri avec feuilles, dans le becher contenant de l'eau colorée.

10. Qu'observes-tu?

11. Que remarques-tu de particulier?

12. À ton avis, à quoi servent les tubes qui traversent la tige dans toute sa longueur?

13. Après ce séjour prolongé, quelle différence notes-tu au sujet de la coloration des feuilles?

14. Comment s'explique ce résultat?

15. Où parvient l'eau qu'une plante absorbe par ses racines et transporte dans sa tige?

Le gaz carbonique

Expérience 4. Le besoin de gaz carbonique

La présente expérience relie la survie des végétaux à un facteur non vivant du milieu : le gaz carbonique. Elle requiert deux plantes dont l'une agit comme témoin.

A) prélève une plante de l'herborium. Arrose-la et place-la ensuite à la lumière sous une cloche de verre;

B) avec une autre plante, procède comme en A)
MAIS introduis sous la cloche un petit becher contenant 20 fragments d'hydroxyde de potassium.
N.B. UTILISE DES PINCETTES

L'hydroxyde de potassium va capter le gaz carbonique contenu dans l'air, de sorte que tu pourras constater les effets d'une privation chez l'une des plantes. Ces effets seront évidents si tu conserves le montage tel quel pendant deux jours. Au cours de cette période, prends soin de noter tes observations et de les inscrire dans le tableau prévu à cette fin.

16. Après deux jours, laquelle des deux plantes est en mauvais état?

17. À quoi cette transformation est-elle attribuable?

18. En plus de l'eau, quel facteur les plantes doivent-elles se procurer dans leur environnement?

Expérience 5.   Comment les plantes absorbent le gaz carbonique

Examine la surface des feuilles d'une plante au microscope. Tu vois : les feuilles sont couvertes d'orifices bordés de petites structures en forme de lèvres. Ces orifices, ce sont les STOMATES.

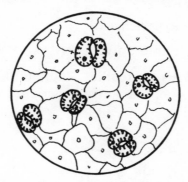

Les stomates jouent-ils un rôle dans l'absorption du gaz carbonique? À toi de vérifier.

A) utilise deux jeunes plants de fèves, recouvre les surfaces supérieure et inférieure de chaque feuille d'un des deux plants avec de la gelée de pétrole (vaseline);

B) identifie chaque plant et arrose la terre : place les deux plants à la lumière pendant 24 heures.

19. Au terme de l'expérience, quelle est l'apparence des plants? Décris-la.

20. Quelles structures des feuilles sont bouchées par la gelée de pétrole?

21. La plante enduite de gelée de pétrole ne pouvait absorber un certain gaz. De quel gaz s'agit-il?

22. De quel gaz les plantes ont-elles besoin pour vivre et par où absorbent-elles ce gaz?

La lumière

Expérience 6.   Le besoin de lumière chez les plantes

Utilise deux plantes semblables. Arrose-les. Place l'une à l'obscurité totale pendant trois jours; laisse l'autre à la lumière pendant le même laps de temps.

23. Les deux plantes sont soumises à des conditions identiques, sauf une. Quelle condition diffère?

24. L'apparence des feuilles a-t-elle changé? Décris les feuilles au début et au terme de l'expérience.

25. Que conclure de cette expérience?

26. Quelles parties d'une plante doivent être exposées à la lumière?

Expérience 7.   Ce qui, dans les feuilles, capte la lumière
Une autre découverte en vue, une autre expérience.

A) froisse une feuille dans ta main;

B) dépose cette feuille dans l'eau bouillante pendant 5 minutes;

C) remplis à demi une éprouvette d'alcool.

D) à l'aide de pincettes prélève la feuille de l'eau chaude et place-la dans l'éprouvette contenant l'alcool;

E) dépose l'éprouvette dans un becher d'eau chaude et chauffe le tout pendant 5 minutes;

F) éteins le brûleur et retire l'éprouvette, conserve la feuille entre deux morceaux de papier absorbant humide.

ATTENTION! L'ALCOOL NE DOIT PAS ÊTRE EXPOSÉ DIRECTEMENT À LA FLAMME

27. De quelle couleur est devenu l'alcool?

28. D'où provient la substance qui a coloré l'alcool?

Tu as extrait de la feuille un pigment qui a la propriété d'absorber la lumière nécessaire aux plantes; ce pigment porte le nom de CHLOROPHYLLE.

RÉSUMONS-NOUS

L'équation est simple : UNE EXPÉRIENCE = UNE DÉCOUVERTE.

Jusqu'à présent, tu as fait sept expériences; donc, sept découvertes :
1) l'eau est indispensable à la survie des plantes;
2) les plantes absorbent l'eau par les racines;
3) l'eau circule dans la tige pour aboutir aux **feuilles**;
4) le GAZ CARBONIQUE est aussi indispensable aux plantes;
5) ce gaz pénètre dans les **feuilles** par les stomates;
6) la LUMIÈRE, comme les deux précédents facteurs non vivants, est indispensable aux plantes;
7) la lumière est absorbée par la chlorophylle contenue dans les **feuilles**.

Ces découvertes laissent entrevoir que les FEUILLES jouent un rôle important. Elles utilisent l'eau, le gaz carbonique et la lumière. Mais pour faire quoi?
Voici la nouvelle équation ou *l'équation mystère* qu'il te reste à résoudre :

gaz carbonique   +   eau   +   lumière   =   ?

La plante au travail

Les plantes, parce qu'elles ne peuvent consommer d'autres êtres vivants, doivent fabriquer leur propre nourriture. C'est ce qu'elles font en utilisant la lumière, l'eau et le gaz carbonique.

Expérience 8. De quelle nourriture s'agit-il?

Une pomme de terre peut être comparée à un réservoir où la nourriture fabriquée par le plant est entreposée. Pour trouver ce qu'elle contient, effectue l'expérience proposée et, parallèlement, réponds aux questions.

A) tranche un morceau de pomme de terre. Sur le morceau, dépose quelques gouttes d'une solution d'iode;

29. Qu'observes-tu? L'iode sert à dépister la présence d'un aliment : l'AMIDON. Au contact de l'amidon, l'iode se colore en bleu foncé.

B) utilise la feuille décolorée de l'expérience 7; recouvre-la d'iode.

30. Quel aliment est fabriqué par un plant de pomme de terre?

31. Que remarques-tu? Au départ, cette feuille provenait d'une plante arrosée, exposée à l'air et à la lumière.

32. Les feuilles des plantes produisent une substance lorsqu'elles sont en présence d'eau, de gaz carbonique et de lumière. Quelle est cette substance?

La présente expérience démontre que les plantes fabriquent leur propre nourriture, entre autres, de l'amidon. Ce mécanisme spécialisé, particulier aux plantes, porte le nom de PHOTOSYNTHÈSE.

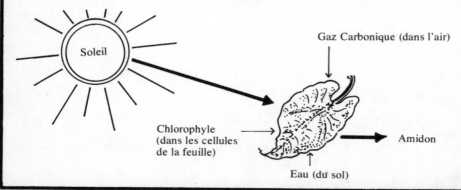

Expérience 9.   Des bulles

Est-ce que de la photosynthèse découle autre chose que de la nourriture?
Une expérience peut te renseigner.

Tu as besoin, pour mener cette expérience, d'une solution de bicarbonate de sodium que tu prépares en dissolvant 1 g de $NaHCO_3$ par 100 ml d'eau. La solution agira ici comme source de gaz carbonique.

A) remplis un becher à moitié d'eau, ajoute 10 ml de solution de bicarbonate de sodium;

B) dans le becher, dépose, sous un entonnoir, une tige d'élodée ou d'une autre plante aquatique.

C) par-dessus le cou de l'entonnoir, place une éprouvette remplie d'eau. Mets ton montage près d'une source lumineuse.

33. La plante est-elle en présence de tous les facteurs requis pour la photosynthèse?

34. Observe attentivement l'éprouvette. Que constates-tu?

Grâce à cette expérience, tu as découvert ceci : en produisant sa nourriture, une plante produit aussi un gaz, l'OXYGÈNE, qui est libéré dans l'environnement.

Cette découverte, ajoutée aux précédentes, nous permet maintenant de reconstituer le mécanisme de la photosynthèse dans son ensemble et de le présenter sous la forme de la réaction suivante :

EAU + GAZ CARBONIQUE + LUMIÈRE ⟶ NOURRITURE DES PLANTES + OXYGÈNE

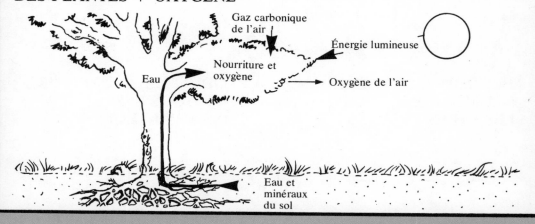

En somme, la photosynthèse est une fonction essentielle à la survie des producteurs. Par ce mécanisme, les plantes se procurent leur nourriture, donc l'**énergie** nécessaire à l'accomplissement de fonctions vitales telles que la croissance et la reproduction.

La photosynthèse est également essentielle aux autres organismes vivants : eux aussi en bénéficient.

Voyons comment…

35. En respirant, les êtres vivants captent un gaz de l'atmosphère. Lequel?

36. Quelle est la principale source de production de ce gaz?

37. Si tu examines la chaîne alimentaire suivante,

Gaz carbonique   Eau   Lumière

      ↘Photosynthèse ↙

      Nourriture ⟶ Lapins ⟶ Hommes
      végétale

de quoi l'HOMME se nourrit-il directement?

38. Qu'est-ce que les lapins consomment?

39. Toujours d'après cette chaîne alimentaire, sur quoi repose, indirectement, l'alimentation des êtres humains?

40. Directement ou indirectement, de quel maillon de la chaîne l'alimentation de tous les consommateurs est-elle dépendante?

La dépendance, qui associe tous les êtres vivants-consommateurs aux plantes, apparaît donc ainsi :

PHOTOSYNTHÈSE
DES PRODUCTEURS

PRODUIT L'OXYGÈNE NÉCESSAIRE À TOUS LES ÊTRES VIVANTS

PRODUIT LA NOURRITURE POUR TOUS LES CONSOMMATEURS

Les plantes et l'énergie

Par la photosynthèse, les végétaux fabriquent matière, sucre, amidon, graisses, produits qui deviennent leur nourriture.

À quoi sert cette nourriture? Tu connais la réponse à cette question : elle sert à la production d'énergie.

Mais comment s'opère la conversion de la nourriture en énergie?

Expérience 10.   Se consumer et produire de l'énergie

Pour trouver des indices, des éléments d'explication, voici une expérience :

A) pèse une chandelle neuve. Note cette valeur dans ton cahier ;

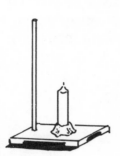

B) fixe cette chandelle dans une motte de glaise sur la base d'un support ;

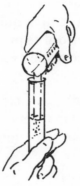

C) verse 10 ml d'eau dans une éprouvette ;

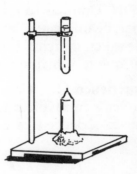

D) fixe l'éprouvette de façon que le fond soit à 2 cm au-dessus du sommet de la chandelle ;

E) enregistre la température de l'eau et inscris le résultat dans ton cahier ;

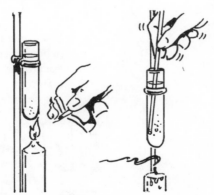

F) retire le thermomètre et allume la chandelle ; laisse-la brûler pendant 2 minutes ;

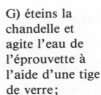

G) éteins la chandelle et agite l'eau de l'éprouvette à l'aide d'une tige de verre ;

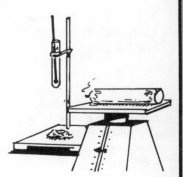

H) enregistre de nouveau la température ;
I) pèse la chandelle et note ton résultat.

41. Entre le début et la fin de l'expérience, tu as noté une variation de la température de l'eau. Quelle est-elle?

42. Pour que la température de l'eau augmente, qu'est-ce que la chandelle a produit?

43. Une chandelle contient-elle de l'énergie?

44. La masse de la chandelle n'est pas la même entre le début et la fin de l'expérience. Quelle différence y a-t-il?

45. Qu'est-il advenu de la masse de la chandelle?

Le phénomène par lequel une substance brûle ou se consume, tout en libérant une partie de l'énergie qu'elle renferme, s'appelle COMBUSTION. Connais-tu un bon exemple qui illustre ce qu'est la combustion? Cherche un peu... Pense à ce qui se produit lorsqu'un moteur d'automobile est en marche. L'essence brûle : en brûlant, elle fournit l'énergie qui fait que le véhicule peut se déplacer.

Expérience 11. Un gaz indispensable
Tu veux en savoir plus sur la combustion?
Une expérience très simple te renseignera.

A) fixe deux chandelles identiques sur un carton et allume-les;

B) en même temps et délicatement, place deux bocaux de dimensions différentes au-dessus des chandelles;

C) dès que les bocaux sont en place, compte le nombre de secondes qui s'écoulent avant que chaque chandelle s'éteigne.

46. Au début de l'expérience, que contenait chaque bocal?

47. Dans quel bocal la flamme s'est-elle éteinte en premier?

48. Comment s'explique ce résultat?

49. Quel gaz est indispensable à la combustion?

Expérience 12.   La matière végétale et l'énergie

Une arachide, tout comme une pomme, une feuille ou n'importe quelle autre partie d'une plante, est formée de **matière végétale** élaborée au cours de la photosynthèse. Cette matière végétale contient-elle de l'énergie?

Voilà ce que tu as à vérifier.

A) pèse une arachide; enregistre la valeur dans ton cahier;

B) introduis une tête d'épingle dans un bouchon de liège, puis fixe l'arachide à la pointe de l'épingle;

C) refais les étapes C à I (inclusivement) de l'expérience 10, mais utilise l'arachide au lieu d'une chandelle. Note tes résultats.

50. Quelle variation de température de l'eau as-tu constaté entre le début et la fin de l'expérience?

51. Qu'est-ce que l'arachide a produit pour que l'eau de l'éprouvette se réchauffe?

52. La matière végétale renferme-t-elle de l'énergie?

53. À quel phénomène est attribuable le fait qu'une partie de l'énergie contenue dans l'arachide a été libérée?

La respiration

L'expérience 12 démontre que la matière végétale contient de l'énergie, l'expérience 10 que l'énergie est libérée par la combustion et l'expérience 11 que la combustion exige de l'oxygène. Il y a donc un lien évident entre la matière végétale, la combustion et l'énergie, lien qui pourrait être représenté ainsi :

MATIÈRE VÉGÉTALE → COMBUSTION → ÉNERGIE
$\qquad\qquad\qquad$ (oxygène)

À l'origine, ce qui procure l'énergie, c'est la nourriture. C'est donc dans leur nourriture que les plantes de même que tous les autres êtres vivants puisent leur énergie. Tous libèrent cette énergie par un mode de combustion particulier appelé la RESPIRATION. Ceci nous donne un nouveau schéma :

NOURRITURE ⟶ RESPIRATION ⟶ ÉNERGIE

Étant un mode de combustion, la respiration requiert la présence d'oxygène. À l'aide de ce gaz, les êtres vivants, autant les plantes que les autres organismes, défont des aliments tels que les sucres et les graisses, et les transforment en eau et en gaz carbonique. La décomposition libère une partie de l'énergie emprisonnée dans les substances alimentaires. Cette énergie sert à l'accomplissement de fonctions diverses : développement, reproduction, locomotion, etc.

L'illustration qui suit résume le processus de la respiration :

Particule alimentaire + OXYGÈNE → ÉNERGIE + GAZ CARBONIQUE + EAU

Expérience 13. Les graines respirent-elles ?
Considérer le processus de la respiration de façon théorique est très instructif ; l'étudier de façon expérimentale l'est davantage.

Voici un montage préparé par ton professeur. L'éprouvette contient des graines de fèves rouges qui, avant d'y être introduites, ont trempé dans l'eau pendant douze heures consécutives. Ce trempage prolongé a eu pour effet *d'éveiller* la plante minuscule contenue dans chaque graine. Des fragments d'hydroxyde de potassium ont également été déposés dans l'éprouvette, par-dessus les plantules. Cette substance a la propriété d'**absorber le gaz carbonique**.

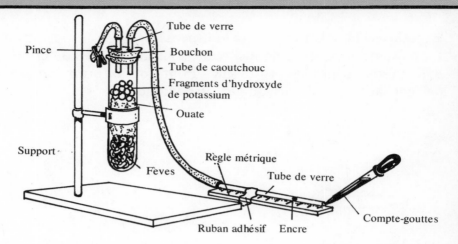

Une goutte d'encre a été placée à l'extrémité du tube de verre. Le professeur a aspiré cette goutte légèrement dans le petit tube de caoutchouc de sorte qu'elle s'est déplacée vers le centre.

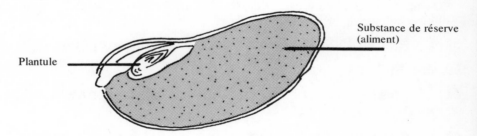

Observe attentivement le montage et, tout particulièrement, la position de la goutte d'encre. Entre le niveau des fèves et celui de la goutte d'encre, il y a de l'air, composé entre autres d'oxygène et de gaz carbonique.

54. Compte tenu de l'absorption, par l'hydroxyde de potassium, de tout le gaz carbonique présent dans le montage, quel gaz reste-t-il?

Pour poursuivre l'expérience, tu n'as qu'à fermer le tube de caoutchouc avec une pince.

55. Deux minutes après que le tube est obstrué, vérifie la position de la goutte d'encre. Est-elle la même? Note sa position dans ton cahier.

56. La goutte d'encre s'est-elle déplacée en direction de l'éprouvette ou en direction opposée?

57. Pour que le déplacement de la goutte d'encre s'effectue dans la direction observée, est-ce qu'il y a eu diminution ou augmentation de la quantité d'oxygène dans le montage?

58. À ton avis, les plantules contenues dans les graines respirent-elles? Motive ta réponse.

Expérience 14. Un autre gaz indispensable

La présente expérience nécessite une solution de bleu de bromothymol, déjà préparée par le professeur. Pour ton information, ce produit devient jaune au contact du gaz carbonique.

A) remplis la moitié d'un becher d'une solution de bleu de bromothymol;

B) à l'aide d'une paille, **expire** un peu d'air dans la solution

59. Lorsque tu INSPIRES, quel gaz pénètre dans tes poumons?

60. À quoi le gaz inspiré est-il utilisé?

61. D'après le résultat obtenu en B, quel gaz s'échappe des poumons lors de l'EXPIRATION?

62. En respirant, tous les êtres vivants produisent quel gaz?

Une interaction vitale

Les expériences réalisées mettent en évidence le fait que certaines fonctions des êtres vivants impliquent une absorption et une production de gaz.

63. Au cours de la photosynthèse, quel gaz est absorbé par les plantes? Lequel est libéré dans l'environnement?

64. La respiration des êtres vivants de même que la combustion exigent l'apport d'un gaz. De quel gaz s'agit-il?

65. Ces phénomènes (respiration et combustion) non seulement exigent mais aussi dégagent un gaz. Lequel?

Dans l'illustration suivante sont groupées les pièces d'un montage à élaborer dans ton cahier.

En tenant compte des indications du cahier, agence les pièces de façon à
montrer les interactions.

Respiration

Combustion

Photosynthèse

Respiration

Respiration

Gaz
carbonique

Photosynthèse

Oxygène

Respiration

Combustion

Deux autres fonctions des plantes

La transpiration

Par leurs racines, les plantes captent l'eau qui est distribuée dans toutes les parties. Une certaine quantité sert à la fabrication des aliments; le reste est retenu dans les divers organes. Est-ce que tout le reste est retenu, c'est-à-dire est-ce que les plantes perdent de l'eau?

Expérience 15.   À grosses gouttes

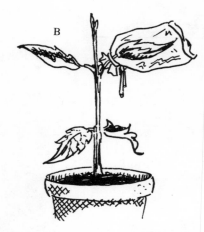

A) place une feuille d'un plant dans un petit sac de polyéthylène transparent;

B) avec une ficelle, ferme le sac à la base de la feuille.

Le lendemain, observe ton montage. Tu seras en mesure de répondre aux questions suivantes :

66. Que remarques-tu sur la paroi interne du sac?

67. Par quelles structures de la feuille cette substance s'est-elle échappée?

68. Quelle conclusion peux-tu tirer de cette expérience?

La reproduction

Les êtres vivants exercent un certain nombre de fonctions. Tu as vu qu'ils s'alimentent, qu'ils convertissent la nourriture en énergie. Tu as vu qu'ils respirent, transpirent, etc. Ils ont aussi la capacité de produire de nouveaux individus et, par le fait même, assurent le maintien de la vie sur la terre. On appelle REPRODUCTION la fonction par laquelle les êtres vivants perpétuent leur espèce en donnant naissance à des descendants.

Les plantes à fleurs

Bon nombre de plantes se reproduisent grâce à des organes sexuels particuliers, les FLEURS.

Les fleurs présentent une organisation. À l'aide de l'illustration qui suit, identifies-en chacune des parties. Fais un effort de mémorisation, puis essaie d'en reconnaître, chez un spécimen de l'herbier ou de l'herbarium les divers éléments composants.

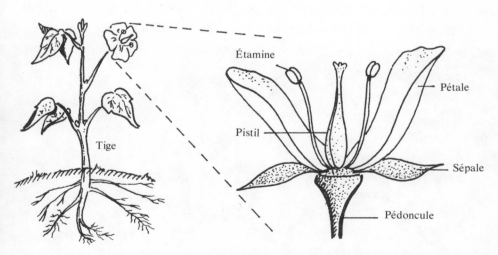

Les parties d'une fleur, c'est-à dire les SÉPALES, les PÉTALES, les ÉTAMINES et le PISTIL, sont rattachées à une même structure, le PÉDONCULE.

Les étamines sont les **organes mâles** de la fleur. L'extrémité de chacune d'elles est constituée de petits sacs contenant les **grains de pollen**.

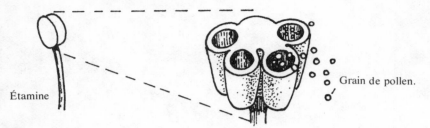

Étamine

Grain de pollen.

Le pistil constitue l'**organe femelle**. Sa partie grossie abrite un ou plusieurs ovules.

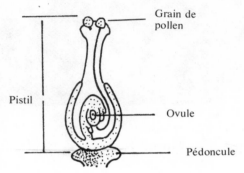

Grain de pollen

Pistil

Ovule

Pédoncule

La pollinisation
La reproduction des plantes à fleurs exige la rencontre d'un grain de pollen et d'un ovule. Pour que celle-ci ait lieu, il faut que les grains de pollen soient transportés des étamines sur le pistil. Ce transfert du pollen, qui se nomme POLLINISATION, s'opère par l'intermédiaire d'agents pollinisateurs tels que le **vent**, l'**eau**, les **insectes**, les **oiseaux**.

Mimétisme floral

La pollinisation par le vent intervient surtout chez les espèces végétales, qui produisent beaucoup de grains de pollen de masse plutôt légère. Quant à la pollinisation par les insectes, souvent, elle résulte du fait que certaines plantes à fleurs jouissent de moyens pour attirer ceux-ci : la couleur des pétales, les odeurs dégagées ou même la forme de la fleur (la ressemblance de celle-ci avec un insecte).

La fécondation

Parvenu au sommet du pistil, le grain de pollen produit un tube qui s'enfonce jusqu'à l'ovule. Le contenu du grain de pollen emprunte ce tube pour atteindre l'ovule et s'y unir.

Le terme FÉCONDATION désigne cette union entre l'ovule et le grain de pollen.

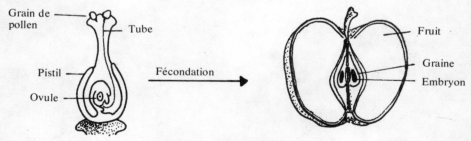

De la fécondation résulte une GRAINE où se forme une plante miniature, l'EMBRYON.

Après la fécondation, le pistil de la fleur grossit et devient un FRUIT. Chaque fruit contient une ou plusieurs graines dépendant du nombre d'ovules enfermés dans le pistil au moment de la fécondation.

Que de choses tu as apprises... Il serait sans doute bon de passer à l'observation !

Après avoir tranché différents fruits en deux portions, examine-les. Évalue le nombre de graines et remarque leur disposition. Dans ton cahier, dessine ce que tu as observé.

La dispersion des graines

À maturité, certains fruits (blé, gousse de pois et de fèves, etc.) s'ouvrent et laissent s'échapper les graines qu'ils renferment. Celles-ci peuvent ainsi se propager dans le milieu et y trouver les conditions propices à la germination.

Les principaux agents qui conditionnent la dispersion des graines, et aussi celle des fruits, sont le **vent**, l'**eau**, les **animaux** et l'**homme**. En général, les graines dispersées par le vent sont légères et présentent une forme ou des éléments structuraux qui donnent prise au vent.

Graine de pissenlit

Graine d'érable

Les graines disséminées par les animaux possèdent ordinairement des éléments structuraux (ex.: crochets) permettant qu'elles se fixent au pelage ou au plumage.

Quant aux fruits, ils ne s'ouvrent pas tous lorsqu'ils ont atteint la maturité. Chez plusieurs populations végétales (ex.: pommier, prunier, cerisier), il arrive que les fruits se détachent et tombent à la surface du sol; la chair du fruit est alors décomposée progressivement et les graines sont libérées. Parfois, ces fruits sont mangés par des animaux; alors, une partie des graines, celles qui ne sont pas digérées par le consommateur, retourne à la terre dans les excréments.

Les divers agents disséminateurs, en particulier l'homme, influencent la répartition des populations végétales.

Le développement et la croissance des plantes

Tu connais maintenant les principales fonctions qu'accomplissent les plantes et ce qui est nécessaire à l'accomplissement de ces fonctions.

La prochaine expérience te permettra d'appliquer tes connaissances à l'étude du développement complet d'une plante.

Expérience 16.   Une graine, une plante
Sème une graine de fèves dans un plat contenant de la terre. Identifie ce plat par tes initiales et note, dans ton cahier, la date de mise en terre.

69. Pour que la graine puisse germer, la terre du plat doit satisfaire à quelle condition?

70. Combien de temps s'est écoulé entre la mise en terre de la graine et l'apparition de la plante?

71. À partir du moment où la tige sort de terre, que dois-tu offrir à cette plante pour qu'elle vivre et se développe?

Dès que la tige fait son apparition, inscris dans ton cahier toutes les observations relatives à la plante: le nombre de feuilles, la disposition de celles-ci, leur couleur et leur texture, les réactions de la plante, etc.

Dessine cette plante à divers stades de croissance et prends soin d'identifier chaque structure.

Quotidiennement et avec le plus de précision possible, mesure la hauteur de la tige et enregistre tes résultats au tableau préparé à cette fin.

Au terme de l'expérience, soit lorsque la croissance semble terminée, rassemble tes résultats sous la forme d'un histogramme ou d'un graphique.

72. À quel moment, au cours de son développement, la plante a-t-elle formé des fleurs?

73. Après un certain temps, les fleurs se sont transformées. Que sont-elles devenues?

Les plantes et l'homme

La survie de l'espèce humaine dépend de la présence de plantes aquatiques et terrestres.

74. Nomme deux éléments vitaux que les plantes fournissent à l'homme. Selon l'utilisation que nous en faisons, l'environnement se subdivise en trois milieux : RURAL, NATUREL, URBAIN.

Le milieu rural fournit une bonne part de l'oxygène indispensable à la respiration et à la combustion. Toutefois, cet habitat est surtout utilisé pour produire la nourriture végétale et animale dont l'homme a besoin. L'agriculture produit les plantes que nous consommons telles quelles ou que nous transformons avant de nous en nourrir.

75. Nomme dix plantes (légumes, fruits) que nous mangeons telles qu'elles sont produites.
76. Désigne deux plantes cultivées qui sont transformées avant d'être consommées par l'homme.

Une partie des plantes cultivées (maïs, blé, avoine, orge, foin) le sont pour aussi servir d'aliments aux animaux d'élevage, qui constituent une partie importante de notre alimentation.

La culture exige plusieurs opérations qui s'accompagnent d'une dépense d'énergie appréciable : la préparation du sol, le semis, l'entretien des plantes, la récolte.

La préparation du sol inclut le labourage, le hersage et l'épandage d'engrais.

L'habitat naturel (forêts, lacs, rivières, océans) est lui aussi une source de nourriture et d'oxygène.

77. Nomme cinq aliments extraits du milieu aquatique. Les milieux naturels sont également des lieux récréatifs et une source de matière première importante.

78. Désigne trois activités récréatives pratiques en milieu naturel.

79. Explique l'utilisation que peut faire l'homme de l'exploitation forestière.

Le milieu urbain est le lieu de travail, de séjour et de loisirs d'une partie importante de la population.

Le développement urbain (réseau routier, édifices, habitations) suppose la transformation d'un milieu naturel ou rural.

C'est dans ce milieu que la production de nourriture et d'oxygène est la plus faible et que la consommation est la plus élevée. En conséquence, le milieu urbain est dépendant des milieux ruraux et naturels.

80. Explique l'importance de la présence d'espaces verts dans le milieu urbain.

L'homme ne peut vivre sans la présence des végétaux qui lui fournissent nourriture, oxygène, vêtements, matériaux de construction, énergie, détente, médicaments.

Il est donc important d'assurer la conservation de la flore et d'en interdire une exploitation abusive, dont nous serions les premiers à souffrir.

Résumé

La PHOTOSYNTHÈSE est l'ensemble des réactions chimiques par lesquelles les plantes se nourrissent. Au cours de cette fonction, l'**eau**, le **gaz carbonique** et la **lumière** sont transformés dans les feuilles en **aliments** et en **oxygène**.

L'eau est puisée par les racines de la plante et transportée dans des canaux jusqu'aux feuilles. Ici, elle se combine au gaz carbonique absorbé par les stomates, puis un pigment vert, la **chlorophylle**, capte la lumière nécessaire pour activer la photosynthèse.
Les substances que fabriquent les végétaux renferment de l'**énergie**. Cette énergie est utilisée par les plantes elles-mêmes, mais aussi par les organismes qui les consomment.

Les végétaux sont des **producteurs**; ils constituent le premier maillon des chaînes alimentaires en fournissant l'énergie aux autres maillons, soit aux **consommateurs**.

Par la RESPIRATION, les producteurs et les consommateurs parviennent à défaire les aliments et à libérer l'énergie qui y est emprisonnée. La respiration, par laquelle les aliments sont convertis en énergie, exige la présence d'oxygène, gaz qui résulte de la photosynthèse. La respiration produit aussi un gaz, le gaz carbonique, qui est indispensable à la photosynthèse ou synthèse des aliments par les plantes.

Pour assurer leur maintien sur la terre, les plantes se **reproduisent**. De nombreuses espèces végétales possèdent, comme organes reproducteurs, des **fleurs**. L'union des grains de pollen et des ovules des fleurs, ou FÉCONDATION, produit des graines. Celles-ci sont dispersées par le vent, l'eau, les animaux ou l'intervention de l'homme. Lorsqu'elles trouvent un milieu propice, les graines germent et donnent de nouvelles plantes.

Les végétaux sont indispensables à l'homme :
ils lui fournissent nourriture, médicaments, oxygène, vêtements, énergie et matières premières.

Questions de révision

1. Définis les termes suivants :
   a) photosynthèse
   b) respiration
   c) combustion
   d) transpiration
   e) fleur
   f) pollinisation
   g) germination

2. Quel gaz issu de la respiration et de la combustion est nécessaire à la fabrication de la nourriture par les plantes ?

3. Quel gaz, produit par la photosynthèse des végétaux, est indispensable à la respiration de tous les êtres vivants ?

4. Nomme une substance fabriquée au cours de la photosynthèse.

5. Au niveau feuilles, des orifices servent à l'entrée et à la sortie des gaz. Quel nom portent ces orifices ?

6. Que renferme la nourriture végétale ?

7. Que contiennent les étamines ?

8. Dans quelle partie de la plante les ovules sont-ils logés ?

9. Nomme trois agents de dispersion des graines.

Suggestions de travaux

- Élaborer une maquette ou un photo montage qui illustre les étapes de la transformation d'un aliment (ex.: pain, viande) de la production jusqu'à la consommation.

- Constituer un *dossier* : l'homme sous la dépendance des plantes, dépendance pour sa survie (ex.: alimentation, énergie, médicaments, habitations, vêtements, sports, etc.).

- Effectuer une recherche : les actions positives à être entreprises et menées par l'homme pour la conservation et la protection des végétaux.

- Réunir des informations sur les interventions de l'homme, qui ont des effets nuisibles sur les plantes.

- Illustrer le cycle reproducteur d'une espèce végétale donnée.

module VI
L'écologie
des consommateurs

Étudier l'écologie des consommateurs, c'est le comportement des animaux, l'action des facteurs physiques sur eux, les chaînes alimentaires dans lesquelles ils sont impliqués et les interactions qui s'établissent entre eux et l'homme.

Le comportement des animaux

Comportement innés et acquis

Des dizaines de milliers d'espèces animales habitent la terre et chaque espèce présente une large gamme de comportements. Ceux-ci, fort heureusement, peuvent être groupés en deux catégories, les COMPORTEMENTS INNÉS et les COMPORTEMENTS ACQUIS. Dans les deux cas, il s'agit d'attitudes qui facilitent l'adaption au milieu et qui augmentent les chances de survie.

Les **comportements innés** sont ceux qui sont dictés par l'instinct. Les fonctions dites instinctives ne demandent aucun apprentissage; elles sont effectuées de la même manière par tous les membres d'une même espèce, en dépit du fait qu'elles ne sont pas enseignées. Seules les attitudes instinctives reliées à la vie sexuelle varient parfois, selon qu'elles se réfèrent aux mâles ou aux femelles. Les fonctions sexuelles, les migrations et la compétition appartiennent au répertoire des comportements innés.

Les **comportements acquis** sont ceux que les individus ne possèdent pas à la naissance. Ils résultent d'un apprentissage et peuvent être améliorés par l'exercice et la répétition.

Citons, comme exemples, le chant de certains oisillons, chant appris de leurs parents, ou l'utilisation par les prédateurs d'affûts propices à la capture de proies.

De l'inné et de l'acquis entrent à la fois dans les comportements de la plupart des espèces animales. Autrement dit, presque tous les animaux naissent avec un bagage d'attitudes instinctives et une capacité d'apprendre de nouvelles attitudes.

1. À ton avis, les comportements innés d'un individu peuvent-ils s'accroître en nombre avec l'âge?

2. Trouve un exemple de comportement inné et un exemple de comportement acquis chez l'homme.

Les facteurs physiques et le comportement

Est-ce que les animaux réagissent aux facteurs non vivants de leur milieu? Est-ce que les éléments comme la lumière, l'obscurité, l'humidité, la sécheresse, la chaleur et le froid influencent leur comportement? De courtes expériences te permettront de découvrir les réponses à ces questions.

Expérience 1.   Obscurité ou lumière
Le ver de terre est un animal qui t'est familier, que tu connais… mais tu ignores peut-être certains de ses comportements.

3. À ton avis, est-ce que cet animal préfère la lumière ou l'obscurité? Maintenant, vérifie ta réponse à l'aide du montage suivant :

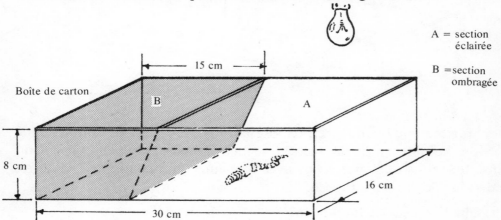

A = section éclairée

B = section ombragée

Boîte de carton

15 cm

8 cm

16 cm

30 cm

B

A

Pour que l'expérience marche bien, assure-toi que la lumière est située à une hauteur suffisante, c'est-à-dire qu'elle ne réchauffe pas la partie éclairée du montage. Ne prends pas de risques : avec un thermomètre, vérifie si la température est identique dans les deux sections du montage.

Lorsque cette condition est respectée, place un ver de terre à la jonction des deux zones et note le moment où tu l'y as introduit.

4. Quel est le comportement de l'animal? Décris-le.
Observe bien le ver pendant quinze minutes.

5. Après ces quinze minutes, a-t-il manifesté une préférence pour l'une des deux zones? Laquelle?
Refais deux autres essais : le premier, avec le même sujet; le second, avec un autre ver.

6. D'après ces essais, les lombrics préfèrent-ils l'ombre ou la lumière?

7. Cette préférence leur est-elle utile? Justifie ta réponse.

8. S'agit-il d'un comportement inné ou acquis? Explique.
Si le temps le permet, tu peux reprendre la même expérience avec d'autres animaux : l'araignée, le cloporte, etc.

Expérience 2.   Sec ou humide
Parmi les habitats, certains sont secs, d'autres sont humides. Devant ce choix, est-ce que les animaux ont des préférences?

9. Qu'en penses-tu?
Tu viens de formuler ton opinion. Pour savoir si elle est juste, utilise une espèce de ton choix : couleuvre, souris, ver, crapaud, etc. et réalise le montage suivant :

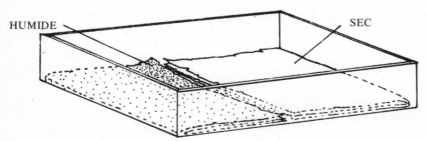

Lorsque le montage est prêt, dépose l'animal au point de contact de la section humide et de la section sèche. Observe son comportement. Ensuite, refais quelques essais avec le même spécimen et avec d'autres individus de la même espèce.

10. Quelle espèce as-tu choisie?

11. D'après tes observations, quel milieu cette espèce préfère-t-elle? Justifie ta réponse.

12. En quoi la préférence exprimée est-elle avantageuse pour cette espèce?

13. À ton avis, s'agit-il d'un comportement inné ou acquis?
Si ta curiosité est éveillée, tu peux effectuer cette expérience avec des sujets appartenant à d'autres espèces.

Expérience 3.   Chaud ou froid
La température est un des facteurs physiques de l'habitat. Les animaux manifestent-ils des préférences pour la température de leur milieu? L'expérience proposée ici consiste à imaginer une façon de résoudre ce problème.

14. Quelle espèce utiliseras-tu?
Décris comment tu procéderas :
- la liste du matériel requis;
- la durée de l'expérience;
- les écarts de températures entre les milieux offerts à l'animal;
- le nombre d'essais effectués avec chaque sujet d'expérience;
- le nombre de sujets;
- la façon de vérifier la préférence de l'animal.

FAIS APPROUVER TON PLAN D'EXPÉRIENCE PAR TON PROFESSEUR. S'il est accepté, exécute, dans ton cahier, un croquis du montage qui te servira. Lorsque l'expérience est terminée, note, toujours dans ton cahier, les résultats obtenus.

L'apprentissage

L'APPRENTISSAGE est à la base de tous les comportements acquis. C'est le moyen par lequel un animal apprend et développe de nouveaux comportements devant de nouvelles situations, soit en imitant les membres de son espèce, soit en procédant par essais et erreurs.

L'apprentissage par imitation se manifeste surtout chez les jeunes qui demeurent un certain temps auprès de leurs parents. À reproduire les comportements de ceux-ci, il apprennent à éviter les dangers et à adopter les attitudes commandées par diverses situations.

L'apprentissage par essais et erreurs est très répandu : ceci est dû au fait que toute nouvelle situation requiert, de la part de l'animal, un comportement approprié. Ainsi, pour traverser un cours d'eau autrement qu'à la nage, un animal doit repérer un pont naturel, un arbre qui joint les deux rives. La découverte d'un tel pont implique une série de tentatives. Au hasard, l'animal s'engage d'abord sur des branches qui ne lui permettent pas d'atteindre son but; ce n'est qu'après plusieurs essais infructueux qu'il en vient à découvrir un tronc qui, effectivement, franchit l'obstacle. Par la suite, ayant appris à distinguer le bon tronc, l'animal s'y engage directement sans essayer les autres.

Expérience 4. Un problème pour une souris

Combien de tentatives une souris doit-elle effectuer pour parvenir à sa nourriture ? Elle peut emprunter divers trajets sans pour autant atteindre son but.

Pour trouver une solution à ce problème, réalise un montage semblable à celui-ci :

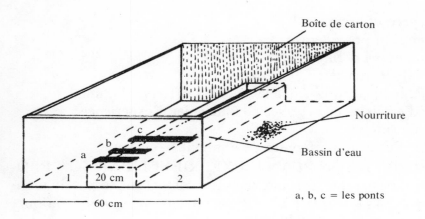

Utilise toujours la même souris au cours de cette expérience ; identifie-la à l'aide d'une tache de couleur. Prive l'animal de nourriture solide pendant la journée qui précède le début de l'expérience.

Le lendemain, place l'animal dans le compartiment 1. Compte le nombre de fois que la souris se trompe de ponts (a et b) en tentant de traverser le couloir d'eau.

Lorsque la souris, ayant choisi le pont c, parvient au compartiment 2, **ne la laisse pas consommer la nourriture** ; replace-la immédiatement dans la section 1, dès qu'elle a repéré la nourriture.

Poursuis l'expérience jusqu'à ce que la souris ne fasse plus d'erreurs, c'est-à-dire jusqu'à ce qu'elle emprunte le bon pont du premier coup, aussitôt après son départ de la section 1. Dans ton cahier, transpose tes résultats sous la forme d'un histogramme, puis, compare-le à ceux de tes camarades.

15. Combien d'essais l'animal a-t-il faits avant de ne plus commettre d'erreurs ?

Reprends l'expérience à intervalles de deux jours, d'une semaine, de deux semaines. Enregistre tes résultats au tableau qui apparaît dans ton cahier.

16. Que révèlent ces résultats ?

Le comportement social

Sauf de rares exceptions, tous les animaux ont, à un moment ou l'autre de leur vie, des rapports avec d'autres animaux. Dans le monde animal, les degrés de sociabilité et de coopération varient considérablement. Le parasitisme, le commensalisme, la prédation, le mutualisme, les rassemblements migratoires, les colonies et les sociétés révèlent autant de comportements sociaux plus ou moins complexes.

Il est impossible de passer en revue tous les types de relations sociales qui existent dans le monde animal; aussi cette étude se limite-t-elle à quelques comportements sociaux.

Groupement familial monogame : les castors

Une famille de castors est composée du père, de la mère et de quatre à huit petits, issus des deux dernières portées. Lorsque les petits atteignent, vers l'âge de deux ans, leur maturité sexuelle, la famille se démembre. Les petits quittent d'eux-mêmes la famille ou encore en sont chassés parce qu'ils peuvent, sur le plan sexuel, devenir des rivaux de leurs parents. Après leur départ les petits vont former de nouvelles cellules familiales.

Un lac ou une rivière sont ordinairement habités par plusieurs familles de castors organisées en une vaste société qui possède un **territoire**, c'est-à-dire un espace à l'intérieur duquel les individus trouvent tous les facteurs nécessaires à leur survie (eau, nourriture, abri).

À l'exemple des castors, les loups et les gibbons forment des groupements familiaux monogames.

Société polygame : les éléphants

Les éléphants vivent en troupes d'une centaine d'individus chacune, cependant, à l'intérieur d'un groupe, les mâles et les femelles forment deux troupeaux qui occupent des territoires distincts.

À la période du rut, les mâles attirent les femelles dans leur territoire où s'élabore temporairement un troupeau mixte. Après la naissance des petits, les femelles retournent dans leur propre territoire et les éléphanteaux les accompagnent.

En règle générale, seuls les mâles les plus vigoureux participent à la reproduction, qui est précédée de cris et de caresses; ces mâles s'accouplent avec plusieurs femelles.

Lorsque les troupeaux d'éléphants se déplacent, ils sont guidés par une femelle ou un mâle expérimenté qui indique un itinéraire défini. À la moindre alerte, le chef de file s'immobilise et pousse un barrissement qui avertit de la possibilité d'un danger; alors, les éléphants se dispersent pour se réfugier parmi les arbustes.

Les vieux éléphants sont exclus des troupeaux des mâles et des femelles, et vivent en solitaires dans le voisinage des hardes. S'ils tentent de s'infiltrer dans les troupeaux, ils sont chassés à coup de défenses et de trompes. Ces individus qui vivent en marge de la société d'éléphants deviennent parfois très belliqueux.

Société d'insectes : les fourmis

Une fourmilière est l'abri des fourmis, constitué d'un réseau complexe de galeries souterraines, de chambres d'élevage et de greniers à provisions. Elle est habitée par des individus dont les formes diverses correspondent à l'existence de castes sociales et d'une rigoureuse division du travail.

Dans une fourmilière, on distingue trois grandes castes : celle des reines, celle des mâles et celle des ouvrières. La reine est une femelle ailée qui, dans son abdomen, a emmagasiné les semences de plusieurs mâles. Cette femelle, qui peut vivre une douzaine d'années, a la plus forte taille de tous les individus de la société. Son unique fonction est de pondre des œufs ; ceux que la reine pond sans leur injecter une semence-œuf non fécondée — donnent des mâles : les œufs fécondés deviennent des femelles. Un régime alimentaire différent est offert aux larves issues des œufs fécondés ; selon l'alimentation, il en résulte des ouvrières ou de jeunes reines.

Les ouvrières, femelles stériles dépourvues d'ailes, ont pour fonction de nourrir tous les membres de la société, de transporter les œufs et les larves, de creuser des galeries et de défendre la fourmilière (ouvrières-soldats). Les ouvrières ne vivent que quelques mois.

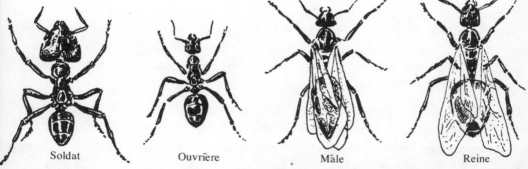

Soldat   Ouvrière   Mâle   Reine

La fonction des mâles et des jeunes reines consiste à perpétuer l'espèce. Au printemps, ces individus quittent la fourmilière et entreprennent un vol nuptial au cours duquel chaque jeune reine s'accouple avec plusieurs mâles. Après la reproduction, les mâles meurent d'épuisement alors que les jeunes reines vont fonder de nouvelles fourmilières.

Au cours de leur vie, les reines n'effectuent qu'un vol nuptial, qui leur permet pourtant d'accumuler suffisamment de semences mâles pour toute leur existence. En général, il n'y a qu'une reine par fourmilière.

Suivant les espèces, les fourmis sont chasseresses, éleveuses ou champignonnistes. Les chasseresses se déplacent en bandes de millions d'individus, qui mangent tout ce qu'il y a de vivant sur leur passage. Les éleveuses prennent soin des pucerons (petits insectes suceurs de sève de plantes), qui, à l'extrémité de leur abdomen, sécrètent des gouttelettes de liquide sucré dont les éleveuses se nourrissent. Enfin, les champignonnistes cultivent de petits champignons pour assurer leur subsistance.

Les fourmis ne sont pas les seuls insectes sociaux ; les abeilles et les termites possèdent également une organisation sociale, caractérisée par une hiérarchie qui demeure toujours la même.

Le comportement sexuel

Formation des couples

La reproduction est possible uniquement entre des individus de la même espèce ; des signaux efficaces, entre eux, permettent aux membres d'une espèce de s'identifier. À cette reconnaissance des espèces s'ajoute la reconnaissance des sexes, car, pour qu'il y ait reproduction, les individus doivent aussi identifier le sexe opposé ; des signaux visuels, auditifs, olfactifs ou de comportement, propres à chacun des sexes, favorisent cette reconnaissance.

Les signaux visuels correspondent à des caractéristiques qui différencient nettement les sexes. La couleur est le plus répandu de ces signaux. En général, ce sont les mâles qui s'identifient par des couleurs vives. Ainsi, chez le carouge à épaulettes, le mâle présente, sur la partie supérieure des ailes au plumage noir, des taches rouges qui ressortent, alors que la femelle est d'un brun uniforme. Chez l'épinoche, un poisson, le mâle exhibe d'éclatantes couleurs seulement durant la période de la reproduction. En d'autres termes, les signaux visuels de couleur sont permanents ou temporaires selon les espèces.

En plus de la couleur, la forme extérieure sert de signal visuel ; entre autres, les panaches de l'original et du cerf mâles jouent ce rôle.

Les signaux auditifs consistent en des bruits émis par des individus de même espèce, mais de sexes différents. De nombreux oiseaux mâles et femelles s'attirent mutuellement par leurs chants ; les cris des grenouilles, des criquets, des orignaux remplissent également cette fonction.

La signalisation auditive suppose que les animaux qui l'emploient possèdent des organes sonores et des organes récepteurs. Le signal auditif favorise la reconnaissance des sexes, mais peut être nuisible par l'annonce ainsi donnée à des rivaux ou à des prédateurs, aussi est-il employé uniquement quand il devient nécessaire.

Plusieurs espèces animales emploient l'odeur pour attirer un partenaire. Des femelles, en particulier, propagent des odeurs perceptibles par les mâles même à des distances considérables. Cette forme d'attraction est pratiquée par des mammifères femelles et des papillons de nuit.

Faire sa cour comprend des signaux de comportement : cela est un réseau complexe de postures, d'attitudes, de gestes et de mimiques qui précèdent l'accouplement. Cette activité a pour but non seulement de susciter le rapprochement des sexes, mais aussi de prédisposer à la coopération simultanée des deux partenaires. À cette cour se greffent des signaux visuels, auditifs et olfactifs.

La cour du goéland argenté est faite au printemps. Contrairement à la cour entre épinoches, c'est à la femelle que revient l'initiative de la formation du couple.

La femelle s'approche du mâle, marche autour de lui, relève le cou vers l'arrière et pointe le bec, en avant et vers le haut. En réponse à ces divers signaux qui ont pour but de l'attirer, le mâle marche en tous sens, attaque des rivaux ou émet un cri prolongé, et accompagne la femelle. Puis, effectuant de petits coups de tête, la femelle demande de la nourriture au mâle, qui lui en donne en régurgitant la sienne.

Une fois formé, le couple se choisit, pour y construire un nid, un territoire à l'intérieur même de la colonie. Ensuite, les partenaires s'accouplent une ou deux fois par jour. L'accouplement est toujours précédé d'un cérémonial relativement simple : de petits coups de tête.

À partir du moment de la formation du couple jusqu'à ce que les petits puissent se suffire à eux-mêmes, le mâle défend son territoire par des manœuvres d'intimidation comme la *posture droite* et *l'arrachage d'herbe*. Dans le premier cas, le mâle tend le cou, dirige le bec vers le bas, lève les ailes et marche en direction du rival avec une raideur étonnante. Dans le second cas, il se rapproche de son adversaire, se penche, donne des coups de bec sur le sol et arrache de l'herbe. Ces menaces sont assez significatives pour que l'adversaire se retire.

Compétition et agression sexuelles
La compétition et l'agression sexuelles se manifestent entre individus de la même espèce presque uniquement pendant la saison des amours.
La compétition dite sexuelle se manifeste en vue de l'établissement d'un territoire de reproduction et aussi de l'obtention d'une ou de plusieurs femelles, selon que l'espèce est monogame ou polygame. De cette compétition découle l'agression sexuelle dirigée contre des rivaux de même espèce.

En général, l'agression reproductrice est le propre des mâles qui l'expriment par une série de mesures d'intimidation et, parfois, par des combats.
Les combats sexuels sont avantageux pour l'espèce, puisque les mâles les plus vigoureux qui en sortent vainqueurs assurent la reproduction. Chaque espèce dispose de moyens de combat (sabots, cornes, dents, épines, etc.) et de comportements d'intimidation (attitudes, postures, cris, etc.).

En dehors de la saison des amours, les animaux évitent les contacts physiques, car être touchés signifie très souvent être attaqués. Aussi pour que l'accouplement se réalise faut-il que les comportements naturels de fuite ou d'attaque soient annulés au profit du comportement sexuel.

Seules des mesures d'apaisement de la part du mâle peuvent empêcher la réaction de fuite de la femelle. De même, l'agressivité et la combativité du mâle, fortes durant la période de reproduction, doivent être atténuées par la femelle. Selon les espèces, les méthodes d'apaisement varient ; en général, une cour prolongée apaise la femelle, alors que des postures de soumission, des cris particuliers et des attitudes sexuelles calment le mâle.

Comportement post-sexuel

La durée du couple et les soins accordés à la progéniture, qui s'inscrivent dans le comportement post-sexuel, varient selon les espèces.

Chez certaines espèces, comme les grenouilles, la formation du couple ne dure que le moment de la reproduction et aucune attention particulière n'est accordée à la progéniture. Chez d'autres, la durée du couple est également éphémère, mais un des partenaires s'occupe de la portée pendant un certain temps. L'épinoche mâle, par exemple, développe un comportement paternel qui consiste à éloigner les prédateurs et à aérer les œufs en dirigeant, avec ses nageoires, un courant d'eau dans le nid. Dans le cas des ours, ce sont les femelles qui prennent soin de la progéniture.

Il arrive aussi que la formation du couple persiste au-delà du moment de la reproduction et que les deux partenaires s'occupent des jeunes. Chez les goélands, le mâle et la femelle couvent tour à tour les œufs ; après l'éclosion, les parents nourrissent les oisillons et les protègent contre les prédateurs et les autres oiseaux de la colonie. Parfois, la formation de couple se prolonge bien au-delà de la période de dépendance des jeunes (cigogne, homme).

En règle générale, les espèces les plus évoluées ont moins de petits par portée, mais elles leur accordent des soins intensifs et prolongés. L'huître, animal peu évolué, pond annuellement cinq cents millions d'œufs ; cependant, elle ne les protège pas, de sorte que seulement une infime partie de ces œufs parvient à l'état adulte. L'éléphant, par ailleurs, donne naissance à un seul petit à la fois et s'en occupe durant plusieurs années.

En somme, plus une espèce est évoluée, plus la période d'apprentissage des jeunes est prolongée, et plus le rôle des parents est important. Parmi les animaux, l'homme est un cas extrême, car, pour pouvoir survivre, l'enfant doit apprendre à manger, à boire, à marcher, à parler, à penser, à travailler, etc. Sans les soins de ses parents, le nouveau-né pourrait à peine survivre quelques heures.

La hiérarchie sociale

La hiérarchie correspond à une échelle sociale existant chez les animaux grégaires, c'est-à-dire qui vivent en bandes. Dans une collectivité, le statut social d'un animal peut être plus ou moins élevé et est susceptible de se modifier.

L'organisation hiérarchique est souvent le résultat de l'expérience ; car les individus d'un groupe, à se disputer de la nourriture, un abri ou une femelle, apprennent à distinguer lesquels de leurs congénères sont les plus forts et lesquels sont les plus faibles. Aussi chaque membre d'un groupe en vient-il tôt ou tard à s'identifier à une position sociale particulière.

Un exemple intéressant de hiérarchie sociale est donné par les oiseaux de basse-cour. Cette hiérarchie est établie par le becquetage qui correspond au nombre de coups de bec qu'un individu donne et reçoit. Ainsi, la poule qui domine la hiérarchie donne des coups de bec à toutes les autres et n'en reçoit jamais ; celle qui occupe le second rang peut becqueter toutes les poules, sauf la première. Enfin, le dernier échelon social revient à une poule qui supporte les coups de bec de toutes ses congénères sans jamais en donner. Cette organisation sociale se maintient environ une année, soit jusqu'à ce que de nouvelles poules viennent perturber l'ordre établi.

Dans une société, les individus dominés sont facilement reconnaissables ; ils adoptent des attitudes de soumission, mangent après les autres, subissent tous les assauts des dominants et évitent les conflits.

La dominance sociale, chez les mâles d'espèces grégaires tels que coqs, cerfs et éléphants, se reflète surtout par la fréquence des rapports sexuels; plus la position sociale d'un mâle est élevée, plus il s'accouple avec des femelles. Chez les grouses, par exemple, le mâle dominant, à lui seul s'accouple avec 74 p. 100 des femelles du groupe.

La position sociale des individus de certaines espèces est susceptible de varier. Un mâle dominant qui est défait lors d'un combat perd automatiquement son rang social au profit du vainqueur. Parfois, une femelle qui se lie avec un mâle dont la position sociale est plus élevée que la sienne acquiert le rang du mâle. C'est le cas chez les choucas (oiseaux).

L'organisation hiérarchique est particulièrement évidente chez l'homme; elle se manifeste par des attitudes et des aptitudes physiques ou intellectuelles, ou les deux à la fois.

Alimentation des consommateurs

Herbivores, carnivores, omnivores

Chaque consommateur doit trouver dans son milieu la nourriture qui lui est nécessaire.

Selon leur régime alimentaire, les animaux sont dits HERBIVORES, CARNIVORES ou OMNIVORES.

Les herbivores consomment des végétaux : de l'herbe, de l'écorce, des graines, des fruits.

Les carnivores se nourrissent de la chair de divers types de consommateurs.

Les omnivores, quant à eux, s'alimentent à la fois de végétaux et d'animaux.

17. Nomme deux espèces herbivores, deux espèces carnivores et deux espèces omnivores.

Selon la nature de la nourriture consommée, les animaux présentent diverses adaptations. Ainsi, la forme du bec des oiseaux et la denture des mammifères varient considérablement en fonction de leur régime alimentaire.

L'illustration qui suit donne un aperçu de la variété des formes de becs chez les oiseaux.

Bec recourbé permettant de déchirer la viande

Oiseau carnivore

Bec robuste capable de broyer les graines des plantes

Oiseau herbivore (granivore)

Bec applati permettant de saisir et retenir les insectes

Oiseau insectivore

Chez les mammifères, on remarque quatre sortes de dents dont le nombre varie selon les espèces.

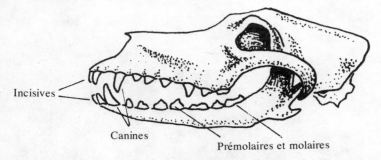

Incisives

Canines

Prémolaires et molaires

Les **incisives** servent à couper ou à ronger les objets. Les **canines** sont employées pour déchirer la viande. Les **prémolaires** et les **molaires** permettent de broyer la nourriture.

Observe attentivement la forme et la disposition des dents des mammifères présentés ci-dessous :

18. Dans ton cahier, indique deux grandes différences entre les dents d'un herbivore et celles d'un carnivore.

19. Quelle différence est la plus évidente entre la denture d'un brouteur et celle d'un rongeur ?

20. Qu'est-ce qui distingue les dents d'un rongeur de celles d'un carnivore ?

Le castor
un herbivore
rongeur

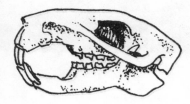

Le cerf,
un herbivore
brouteur

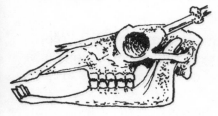

Le lynx
un carnivore

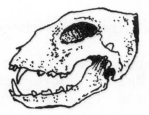

La reproduction des animaux

Pour qu'une espèce continue d'exister, les adultes doivent donner naissance à de nouveaux individus qu remplaceront ceux qui meurent, ceux qui sont victimes des prédateurs, des parasites ou d'accidents ou qui sont parvenus à la vieillesse.

Chaque espèce manifeste des particularités quant à la façon de se reproduire. Le mode de reproduction diffère considérablement, selon qu'il s'agit des vers, des mollusques, des insectes, des poissons, des amphibiens, des reptiles ou des mammifères.
Il serait impossible d'étudier la reproduction de tous ces groupes. Aussi, notre étude se limitera-t-elle au mode de quelques-uns.

Les insectes

Les insectes sont des animaux à **fécondation interne** et à **développement externe**.
La fécondation étant l'union des œufs produits par la femelle avec les spermatozoïdes produits par le mâle, elle est dite *interne* lorsqu'elle s'effectue à l'intérieur du corps de la femelle. Chez les insectes, après la fécondation, les œufs se développent à l'extérieur de la femelle, de sorte que cette croissance est dite *externe*.

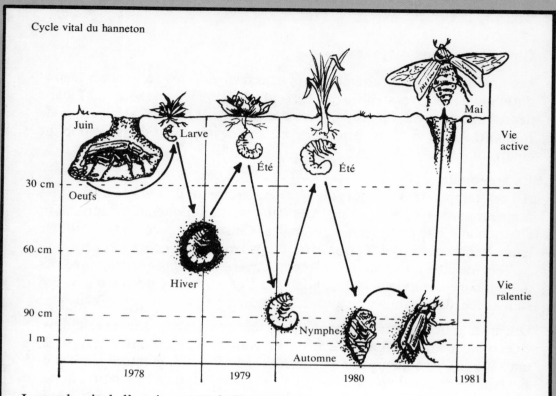

Cycle vital du hanneton

Le cycle vital d'un insecte : le hanneton
Comme tous les insectes, le hanneton connaît un développement qui comprend quatre phases successives : il passe du stade de l'**œuf** à celui de la **larve**, devient une **nymphe**, puis un **adulte**.

Le cycle de vie du hanneton, aussi appelé barbot, est d'une durée de trois ans.
Au cours de l'été, la femelle adulte, lorsqu'elle est fécondée, s'enfonce dans le sol pour y pondre ses **œufs**. Quelques semaines plus tard, chaque œuf donne une **larve**, qui se nourrit des racines des plantes. À l'arrivée des premiers jours froids de l'automne, la larve cesse sa vie active et se niche plus profondément dans le sol pour y passer l'hiver.

Au printemps suivant, la larve remonte près de la surface du sol où, durant l'été, elle poursuit sa croissance en consommant toujours des racines de plantes.

L'automne venu, la larve s'enfonce de nouveau en profondeur dans le sol. Au printemps, elle remonte et, à l'automne, redescend pour une troisième fois dans le sol. Là, elle se transforme en une **nymphe** qui, en quelques semaines, devient l'**insecte adulte**. L'hiver suivant, celui-ci séjournera en terre puis, au printemps, reviendra à la surface. Il ne lui restera alors que quelques semaines de vie, soit le temps de se reproduire.

Les amphibiens

Les amphibiens, contrairement aux insectes, sont des animaux à **fécondation externe**. Ceci signifie que les œufs de la femelle ne sont pas fécondés à l'intérieur de son corps, mais plutôt dans le milieu extérieur, environnant. Après la fécondation, les œufs se développent dans cet habitat environnant.

La grenouille

Au printemps, dans les lacs et les étangs, les grenouilles mâles attirent les femelles par leurs coassements. Les femelles qui répondent à l'appel sont chevauchées par un ou plusieurs mâles. Ceux-ci entourent la femelle de leurs membres, ce qui a pour effet de provoquer la ponte des œufs.

La femelle et le mâle, simultanément, déversent œufs et spermatozoïdes dans l'eau où survient la fécondation. Des centaines de ces œufs, qui sont raccordés les uns aux autres, peuvent être pondus dans l'eau.

Quelques jours plus tard, chaque **œuf** fécondé devient une **larve** minuscule, sans membres. La larve croît, se transforme en **têtard** sans pattes, mais muni d'une queue et de branchies. Par la suite, le têtard subit plusieurs changements au cours desquels sa queue régresse, les pattes apparaissent et les branchies sont remplacées par des poumons. Ainsi équipée, la **jeune grenouille** pourra vers l'âge de deux ans participer à la reproduction.

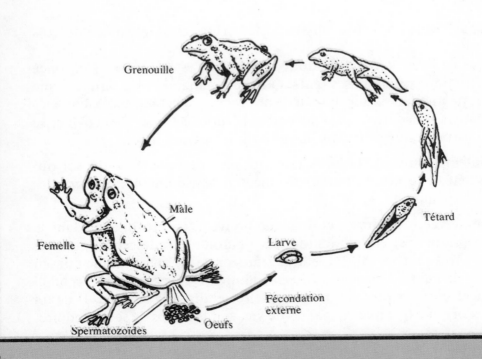

Grenouille

Mâle

Femelle

Larve

Tétard

Fécondation externe

Spermatozoïdes

Oeufs

Les oiseaux

Les oiseaux sont des animaux à fécondation interne et à développement externe.

Les oiseaux se font la *cour*, puis s'accouplent : les œufs fécondés, protégés par une coquille, sont déposés dans un nid. Ce développement externe constitue, en fait, une adaptation au vol; si les œufs croissaient dans le ventre de la femelle, celle-ci serait alourdie et son vol, impossible. Pour que les oisillons se développent à l'intérieur des œufs, il faut une température constante et élevée. Autrement dit, les œufs doivent être **couvés**, réchauffés par la femelle ou le mâle. Pendant la période d'incubation, les réserves d'aliments contenues dans l'œuf fournissent l'énergie nécessaire à la croissance même.

Après quelques semaines d'incubation, les oisillons brisent la coquille et percent l'œuf : c'est l'**éclosion**. Dès lors, la survie des petits dépendra des soins apportés par les parents. Ceux-ci les protégeront et les alimenteront pendant des semaines, jusqu'à ce que les plumes des oisillons soient suffisamment formées pour qu'ils volent.

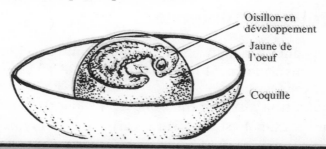

Oisillon en développement

Jaune de l'oeuf

Coquille

Les mammifères

Sauf de rares exceptions, chez les mammifères, la fécondation est interne : le développement des œufs s'opère dans la femelle. Cette situation fait que le nombre d'œufs produits par la femelle est restreint. Les embryons, par contre, jouissent d'une grande protection tout au long de leur développement ; ils reçoivent nourriture et oxygène directement de la mère.
La durée de la gestation varie beaucoup. Elle est de vingt et un jours chez le mulot, de soixante-trois jours chez le raton-laveur et de deux ans chez l'éléphant.

Après la naissance, pendant un certain temps, le lait maternel constitue l'alimentation des petits, que protègent l'un ou l'autre des parents, ou les deux.

La croissance animale

De la naissance à la maturité, un animal croît. Ceci implique qu'il trouve dans son environnement la nourriture dont il a besoin, soit l'**eau** et des **aliments solides**.
En ce qui a trait aux aliments solides, il s'agit de plantes ou d'animaux, selon que l'animal est **herbivore, carnivore** ou **omnivore**.

Expérience 5.   Étude de la croissance d'un mammifère

La démarche proposée est la suivante : choisis un animal (rat, souris, hamster, etc.) en âge d'être séparé de sa mère, pèse-le et mesure sa longueur totale incluant la queue. Puis, enregistre ces résultats dans ton cahier.

Assure-toi que l'animal a, à sa disposition, suffisamment d'eau et de nourriture. De préférence, utilise des aliments tout spécialement préparés pour les petits rongeurs.

À intervalles réguliers, à tous les deux jours ou une fois par semaine, pèse et mesure de nouveau le sujet. Inscris ces données dans le tableau qui apparaît dans le cahier.

Poursuis l'expérience, c'est-à-dire prélève les données jusqu'à ce que tu constates que la croissance achève et ne varie plus. Tes deux séries de résultats, qui portent sur la taille et la masse, transpose-les sous forme d'histogrammes.

Pour mieux **analyser tes résultats**, réponds, à partir des histogrammes, aux questions ci-après :

21. Quelle est la durée de la période de croissance de l'animal ?

22. Est-ce que le rythme de la croissance a été constant ou a-t-il présenté des variations ? Explique-toi.

23. Entre le début et la fin de l'expérience, quelle augmentation de taille as-tu enregistrée ?

24. Quelle augmentation de masse ?

Les relations entre l'homme et les animaux

Entre l'homme et les animaux existe une grande dépendance. Les animaux procurent aux humains une part importante de leur alimentation et de leurs vêtements, et interviennent dans les loisirs et certains sports. Les actions de l'homme se répercutent sur l'environnement; elles peuvent, selon le cas, favoriser la survie de la faune ou lui nuire.

Alimentation

Une partie de notre alimentation est constituée de chair animale et de produits fournis par certains animaux.

La chair animale et ces produits proviennent, la plupart du temps, de l'élevage.

25. Nomme cinq espèces élevées pour leur chair.

26. Nomme quatre espèces élevées pour les produits alimentaires qu'elles procurent.

Outre les espèces domestiquées, plusieurs populations animales contribuent à l'alimentation des humains. La plupart d'entre elles sont des espèces aquatiques d'eau douce ou du milieu marin.

27. Identifie dix espèces animales, aquatiques ou terrestres qui composent l'alimentation humaine.

L'élevage d'animaux présente certains désavantages comme la production massive de déchets, de fumier.

Le fumier est un engrais naturel nécessaire aux sols cultivés : il assure la croissance des plantes. Toutefois, il peut devenir un polluant lorsque l'entreposage ou l'épandage ne se font pas correctement.

De plus en plus, les éleveurs sont tenus de respecter des normes et de modifier en conséquence leurs techniques d'emmagasinage et d'épandage. Citons comme exemple les producteurs de porcs : ils doivent accumuler le fumier dans des fosses hermétiques et le répandre à des moments déterminés.

La pêche et la chasse, c'est-à-dire le prélèvement d'espèces, doivent aussi être contrôlées en fonction de facteurs démographiques.
Une population a une certaine capacité de s'accroître et ne peut se développer que si elle bénéficie d'un environnement adéquat.

La productivité des milieux aquatiques diminue. Les causes sont évidentes : pollution de l'eau par les égouts, déchets industriels, engrais, poisons chimiques servant à éliminer plantes et insectes jugés indésirables, pétrole provenant des naufrages ou du lavage des soutes des pétroliers.

Vêtements

Le cuir, la laine, les fourrures sont des produits qui servent à nous vêtir. Certaines espèces sauvages, en raison d'une chasse commerciale intensive, sont menacées d'extermination : le léopard, le lynx et l'hermine pour le pelage, les alligators et les serpents pour le cuir.
Un bilan révèle que, depuis quelques siècles, plus d'une centaine d'espèces ont été exterminées par l'homme. Ce bilan incite à protéger la faune et à tenir compte du fait que la conservation des animaux est intimement liée à celle de la flore et à celle des milieux naturels. Seuls l'aménagement de milieux propices et une réglementation sévère peuvent protéger les espèces en voie de disparition.

Loisirs, sports et énergie

Diverses activités, telles que la chasse et la pêche sportives, l'observation d'oiseaux et l'équitation, sont reliées à l'existence d'animaux.

Dans maints pays, les animaux constituent un moyen de transport ou participent à l'exécution de travaux agricoles et autres.

28. Identifie trois espèces animales qui servent au transport.

29. Nomme trois espèces impliquées dans d'autres tâches.

Les animaux *nuisibles*

À proprement parler, dans la nature, il n'y a pas d'animaux nuisibles : chacun a sa place et possède une NICHE écologique, c'est-à-dire qu'il effectue des fonctions dont dépend l'équilibre du milieu.

Des espèces sont dites *nuisibles*, parce qu'elles occasionnent des pertes économiques. C'est le cas, entre autres, des insectes qui se nourrissent de plantes cultivées ou du feuillage des arbres.

Pour réduire les dommages occasionnés par ces insectes, on emploie des insecticides, des poisons chimiques. Ces substances présentent des inconvénients : elles tuent des espèces non nuisibles ; elles sont absorbées par les plantes aquatiques et terrestres, puis circulent à l'intérieur des chaînes alimentaires. D'autre part, les insectes qui résistent à l'action de ces produits continuent à se reproduire et forment de nouveaux individus dotés d'une immunité ou d'une résistance naturelle plus grande.

Une lutte de type *biologique*, plutôt que *chimique*, est à envisager sérieusement. Le recours à des prédateurs naturels d'insectes (oiseaux et mammifères) en est un exemple.

Résumé

Le comportement
Le monde animal présente une vaste diversité de comportement **innés** et **acquis**. Dans les deux cas, il s'agit d'adaptations à un mode de vie, à l'environnement.

Les comportements innés sont instinctifs, dictés dès la naissance. Les comportements acquis résultent d'un apprentissage qui se fait par imitation, ou par essais et erreurs.

La **vie sociale** diffère selon les espèces animales. Chez certaines populations, les individus vivent isolément. Chez d'autres, soit qu'ils forment des familles monogames, soit qu'ils vivent en groupes polygames ou encore qu'ils s'organisent en société.

Le **comportement sexuel** a pour but d'assurer la reproduction et la survie des populations. Il groupe un ensemble de comportements : ceux qui entraînent la formation des couples, ceux qui mènent à la reproduction proprement dite et ceux qui sont associés aux soins de la progéniture.

L'alimentation
Les animaux possèdent un régime alimentaire **herbivore**, **carnivore** ou **omnivore**.

En fonction de leur alimentation, ils présentent des structures adaptatives diverses. Chez les oiseaux, c'est la forme du bec ; chez les mammifères, c'est la forme et le nombre de dents.

La reproduction
Le mode de reproduction animale varie d'un groupe à l'autre. L'union des mâles et des femelles s'effectue de deux façons : par **fécondation externe** ou par **fécondation interne**.

Quant au développement de nouveaux individus, dépendant des espèces, il s'opère dans le milieu extérieur, soit en dehors du corps de la femelle, soit en dedans du corps de celle-ci.

Les relations avec l'homme
La vie des humains est étroitement liée à celle des animaux. Par l'élevage, la pêche commerciale et la chasse, l'homme assure une grande partie de son alimentation. Il en est de même pour les vêtements, car le cuir, la laine et les fourrures servent à l'habillement.

Des espèces animales sont impliquées dans des travaux agricoles et autres, dans des activités de loisirs et dans des acitivités sportives. Toutes nos actions qui, directement ou indirectement, détériorent des habitats naturels et affectent les populations animales ont d'importantes répercussions sur notre vie.

Questions de révision

1. Définis les termes suivants :
   a) comportement inné
   b) comportement acquis
   c) apprentissage
   d) fécondation
   e) territoire
   f) hiérarchie
   g) herbivore
   h) carnivore
   i) omnivore

2. Nomme les quatre types de dents que l'on observe chez les mammifères.

3. Quelles sont les phases du développement d'un insecte?

4. Identifie deux espèces d'insectes sociaux.

5. Il y a plusieurs catégories de signaux qui conduisent les animaux à la formation de couples et à la reproduction.
   Nomme-les et donne un exemple de chaque catégorie.

Suggestions de travaux

- Observer le développement des œufs de grenouilles.
- Étudier, expérimentalement, le cycle reproducteur d'un insecte.
- Suivre le développement du poussin, de la fécondation à l'éclosion.
- Décrire un type d'élevage (porc, bovin, poulet, etc.) à partir de la ferme jusqu'au produit que l'on trouve sur la table. Dans la description, tenir compte des facteurs tels que qualité et quantité de nourriture nécessaire, soins, entretien, maladies, abri, transformations, etc.
- Expliquer la vie sociale d'une espèce animale (loups, singes, etc).
- Faire une expérience d'apprentissage par le conditionnement.
- Découvrir expérimentalement la transformation d'un insecte, du stade larvaire au stade adulte.

module VII
Le cycle,
une invention
de la nature

Pas de travail sans énergie

Le système mécanique

Examine l'illustration qui suit :

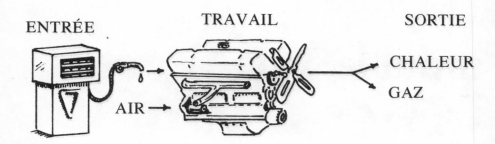

ENTRÉE   TRAVAIL   SORTIE

CHALEUR

GAZ

AIR →

Pour qu'un moteur fonctionne, il faut l'alimenter, c'est-à-dire lui four-
nir de l'**énergie**.

1. Quelle est la source d'énergie d'un moteur d'automobile?
Dans le moteur d'une automobile, le carburant est brûlé en présence
d'un gaz. Ainsi, l'énergie est libérée.

2. Comment se nomme ce phénomène, étudié au module V, selon lequel
une substance se dégrade et donne de l'énergie?

3. Quel gaz est indispensable au déroulement de ce processus?

4. À quoi sert l'énergie produite?

La plus grande partie de l'énergie issue de la combustion de l'essence se
transforme en travail et permet le déplacement du véhicule. Une fraction
est perdue en ce sens qu'elle n'intervient pas dans le travail. En fait, elle
est convertie en chaleur qui se disperse dans l'environnement. Or, lorsque l'essence est dégradée, il subsiste des sous-produits tels que de l'eau,
des gaz, des particules.

ESSENCE +OXYGÈNE= TRAVAIL + SOUS-PRODUITS + CHALEUR

COMBUSTION   DÉPLACEMENT   ÉNERGIE
              de l'AUTOMOBILE   PERDUE
              ÉNERGIE PRODUITE

Comme tu peux le constater, le fonctionnement d'un moteur d'automobile implique des ENTRÉES et des SORTIES.

Ce que l'on nomme les *entrées*, ce sont les éléments introduits pour que le moteur fonctionne, travaille.

Ce que l'on nomme les *sorties*, ce sont les sous-produits et les pertes d'énergie qui découlent du travail.

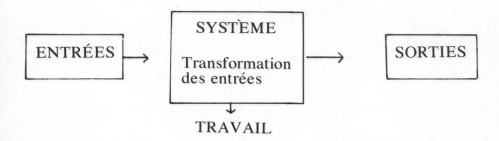

Le système biologique

Le système biologique est une sorte de moteur automobile qui, pour fonctionner, requiert un apport énergétique.

Chez les vivants, c'est l'alimentation qui agit comme carburant et permet l'accomplissement des fonctions vitales.

Les substances alimentaires emprisonnent une certaine quantité d'énergie, qui est libérée grâce au mécanisme de la RESPIRATION. Examine l'illustration suivante. Elle résume le mécanisme.

Tu vois. Au cours de la respiration, la nourriture est défaite sous l'action de l'oxygène : ceci procure l'énergie et des sous-produits.

Une partie de l'énergie produite est entreposée dans l'organisme. Le reste sert immédiatement aux besoins vitaux ou est transformé en divers types d'énergie. Ainsi, un animal qui se déplace convertit son énergie en mouvement.

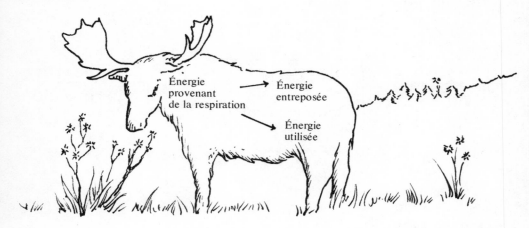

Le cheminement de l'énergie dans la nature

Observe cette chaîne alimentaire.

PLANTES ⟶ HERBIVORE ⟶ CARNIVORE

5. Comment le carnivore se procure-t-il l'énergie qui lui est nécessaire?

6. De quelle façon l'herbivore obtient-il son énergie?
Les plantes, quant à elles ne se nourrissent d'aucun autre organisme. Elles ont la capacité de fabriquer leur propre nourriture.

7. Quel est le nom du mécanisme selon lequel les plantes fabriquent leur propre nourriture?

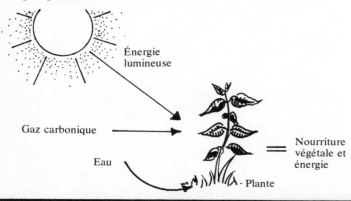

8. D'où vient l'énergie que les plantes accumulent dans la matière qu'elles fabriquent?

Les plantes sont à l'origine de toutes les chaînes alimentaires : tous les consommateurs se nourrissent, directement dans le cas des herbivores, ou indirectement dans le cas des carnivores, de végétaux qui renferment de l'énergie solaire modifiée.

9. En conséquence, quelle est la source première d'énergie de tous les êtres vivants?

L'énergie solaire, comme tu peux le constater d'après l'illustration qui suit, est introduite et transformée dans le monde vivant par la **photosynthèse** des plantes. Puis, elle est transférée aux consommateurs.

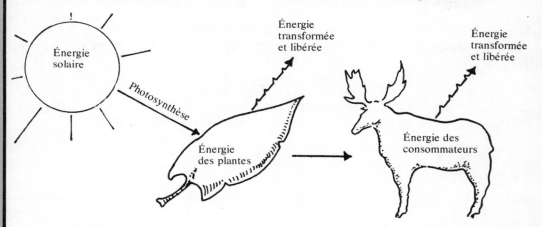

Au niveau de chaque maillon d'une chaîne quelconque de nourriture s'effectue une dépense d'énergie. Un carnivore, par exemple, emploiera pour ses déplacements une partie de l'énergie obtenue en mangeant un herbivore. Cette énergie, consacrée à une fonction donnée, n'est pas perdue : elle devient d'autres formes d'énergie.

Mais, parce que les plantes ne peuvent réutiliser, ni accumuler ces diverses formes d'énergie, on dit du cheminement de l'énergie dans la nature qu'il est *non cyclique*.

Le transfert d'énergie et de matière

Au cours de sa vie, une plante fabrique continuellement de la matière (biomasse) végétale dans laquelle elle accumule de l'énergie. Par le processus de la *respiration*, une partie de cette matière est dégradée. Il en résulte une libération d'énergie qui sert aux activités biologiques de la plante. Celle-ci ne conserve donc qu'une partie de l'énergie solaire emmagasinée par la photosynthèse.

L'herbivore qui mange une plante ne reçoit que la fraction de l'énergie non utilisée pour les activités biologiques de la plante. À son tour, il emploie une fraction de l'énergie reçue de la plante pour ses propres activités; le reste demeure emmagasiné dans l'animal.

Toujours dans le contexte de la chaîne alimentaire, le carnivore qui mange l'herbivore n'obtient que la partie de l'énergie emmagasinée par l'herbivore; autrement dit, l'énergie que l'herbivore a dépensée pour son fonctionnement n'est pas disponible pour le carnivore.

De cet état de choses, il résulte que toute chaîne alimentaire est caractérisée par une perte d'énergie et de matière d'un maillon à l'autre; chaque maillon ne reçoit que la partie de l'énergie que le maillon précédent à reçue et n'a pas dépensée.

L'illustration qui suit montre que les chaînes alimentaires prennent l'allure de **pyramides** alimentaires lorsqu'on tient compte de la perte d'énergie et de matière.

Les écologistes estiment que, au niveau de chaque maillon d'une chaîne de nourriture, les organismes dépensent 90 p. 100 de l'énergie et de la matière qu'ils reçoivent; 10 p. 100 seulement reste emmagasiné.

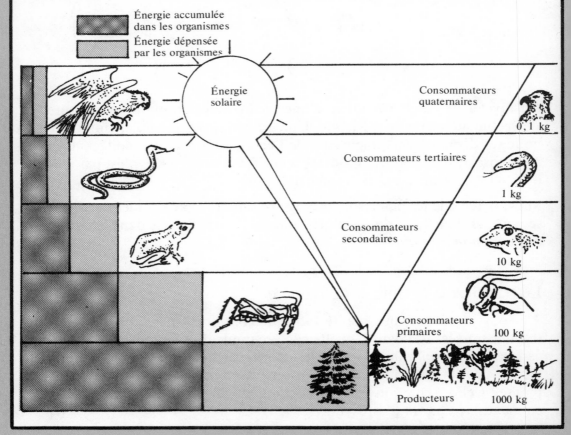

Un jeune cerf, par exemple, pour passer de 50 à 60 kg, doit consommer environ 100 kg d'herbe dont 90 kg sont utilisés pour ses activités. Des 100 kg mangés, seulement 10 kg demeurent emmagasinés dans l'animal. Si un loup mange 10 kg de cerf, il consacrera 9 kg à ses fonctions vitales et n'accumulera qu'un kg.

10. Pour qu'une population de criquets emmagasine 20 kg de matière, quelle quantité de matière végétale doit-elle consommer?

11. D'après la chaîne alimentaire suivante :

   PLANTES ———→ SOURIS ———→ FAUCON   (250 kg),

   combien de kilogrammes de faucon, les 250 kg de plantes produiront-ils?

Les conséquences de la perte d'énergie et de matière

Influence sur le nombre d'individus

Il est évident que le nombre d'organismes qui peuvent survivre dans un habitat donné est relié, entre autres choses, à la quantité de nourriture disponible dans ce milieu.

D'où la perte d'énergie et de matière, qui fait que la quantité de nourriture diminue d'un maillon à l'autre et exerce une influence directe sur le nombre d'individus appartenant à chaque population.
Pour que l'équilibre soit maintenu dans la nature, il faut nécessairement qu'il y ait plus de producteurs que d'herbivores, plus d'herbivores que de carnivores.

Influence sur la densité des populations

Toute population animale ou végétale doit trouver dans son habitat les conditions indispensables à sa survie. Les plantes doivent avoir suffisamment d'espace, d'eau et de lumière. Les animaux, pour leur part, ont besoin de nourriture, d'espace et d'abris.

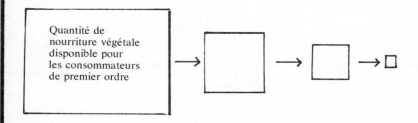

Dans tous les milieux, il existe une limite à l'abondance de chacun des facteurs, limite qui détermine la CAPACITÉ DE SUPPORT du milieu. En d'autres mots, chaque habitat n'offre des conditions de survie qu'à un nombre donné d'individus et d'espèces.

La capacité de support influence la DENSITÉ des populations vivant dans un milieu. La densité d'une population, c'est le rapport entre le nombre total d'individus et l'espace réservé à ces individus.

D (densité) = $\underline{N}$ (nombre d'individus dans la population)

S (surface occupée)

Pour appliquer la notion de densité, supposons qu'une île de 25 000 m^2 de superficie est habitée par 25 lièvres de la même espèce. La densité de cette population s'exprime ainsi :

$$D = \frac{25 \text{ lièvres}}{25\ 000 \text{ m}^2} = \frac{1 \text{ lièvre}}{1\ 000 \text{ m}^2}$$

Ceci revient à dire que la densité de cette population est de 1 lièvre pour chaque 1 000 m^2 de terrain.

Problèmes

12. Mesure la superficie du terrarium de la classe en multipliant sa largeur par sa longueur. Identifie le nombre d'individus de chaque population de grenouilles et de couleuvres qui s'y trouvent. Si chacune de ces populations occupait seule tout l'espace du terrarium, quelle serait la densité de chacune d'elles?

13. Quelle est la densité de la population humaine dans le local de la classe?

14. Refais le problème précédent, mais avec cinq élèves en mains. La densité se révèle-t-elle plus ou moins élevée?

15. Évalue maintenant la densité de la population humaine de la classe en supposant que la surface de celle-ci est réduite de moitié.

Tes calculs démontrent que la densité d'une population varie selon le nombre d'individus présents et l'espace disponible.

16. Si la surface occupée demeure la même mais que le nombre d'individus augmente, qu'advient-il de la densité de la population?

17. Pour un nombre constant d'individus, quel effet une diminution de l'espace disponible a-t-elle sur la densité?

Fluctuations de la densité : la relation proies-prédateurs

La PRÉDATION est une relation entre des animaux d'espèces différentes ; l'un, le PRÉDATEUR, mange l'autre, la PROIE.
La relation proies-prédateurs prend sa véritable signification écologique lorsqu'elle est envisagée chez les populations plutôt que chez les individus.

Dans la nature, il existe des populations de prédateurs et des populations de proies. Chaque population de prédateurs se nourrit de proies appartenant à une ou à plusieurs espèces. Par ailleurs, certains animaux sont à la fois proies et prédateurs. C'est le cas des grenouilles qui consomment des insectes et peuvent être mangées par d'autres animaux comme les couleuvres.

Le graphique, apparaissant ci-dessous, illustre le déroulement d'une relation proies-prédateurs.

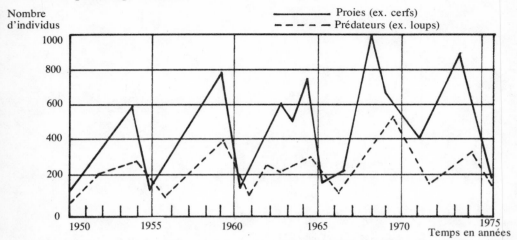

L'examen de ce graphique montre qu'en 1950 la population de prédateurs comprend quelques dizaines d'individus et celle des proies, une centaine.

À l'origine, le nombre réduit des prédateurs permet à la population de proies de s'accroître rapidement; car, moins il y a de prédateurs moins il y a de proies sujettes à être mangées. Conséquemment, de 1940 à 1953, la population de proies passe de quelques dizaines à environ six cents individus. Cette augmentation progressive du nombre de proies engendre simultanément l'augmentation du nombre de prédateurs, car, plus les proies sont nombreuses, plus il y a de prédateurs qui s'en nourrissent. Il en découle qu'en 1953 la population de prédateurs atteint deux cent cinquante individus. Dès lors, le déroulement de la relation proies-prédateurs prend une nouvelle orientation. Le nombre de prédateurs étant élevé, un grand nombre de proies sont mangées. La diminution progressive du nombre de proies entraîne inévitablement la diminution du nombre de prédateurs, de sorte que, vers 1955, les deux populations rejoignent le niveau auquel elles étaient en 1950. En somme, les deux populations suivent parallèlement un cycle qui s'échelonne sur une durée de cinq ans.

Cet exemple montre que, dans la relation proies-prédateurs, l'influence des populations est réciproque. Lorsque le nombre de proies augmente, le nombre de prédateurs s'accroît. L'augmentation de la population de prédateurs a pour conséquence de réduire progressivement le nombre de proies. La diminution du nombre de proies entraîne à son tour la réduction du nombre de prédateurs, puis le cycle de la relation proies-prédateurs recommence.

Pour bien comprendre le phénomène de la prédation, il faut aussi tenir compte du fait qu'aucune population de prédateurs ne peut survivre si elle cause la disparition de la population dont elle se nourrit. Cette situation est toujours évitée parce que la diminution progressive du nombre de proies suscite la réduction du nombre de prédateurs. De plus, les prédateurs se nourrissent généralement de proies de plusieurs espèces et ces dernières sont souvent plus prolifiques que les espèces pédatrices. Il existe donc un équilibre naturel entre les animaux qui sont mangés et ceux qui les mangent.

18. En te reportant à l'exemple donné, qu'adviendrait-il de la population de proies (cerfs) si, par la chasse, l'homme exterminait les prédateurs (loups)?

19. Quel est le principal facteur qui limiterait l'augmentation de la densité de la population de proies advenant que les prédateurs soient supprimés?

20. Si la densité de la population de proies venait à dépasser la capacité de support du milieu, que se produirait-il?

La surpopulation
Voici deux champs cultivés, deux pâturages, d'une superficie de un hectare chacun, dans lesquels broutent des bovins. Au départ, les deux milieux possèdent la même capacité de support.

Champ A

Champ B

Au début de l'été

À la fin de l'été

21. Quelle est la densité de la population de bovins dans le champ A ? dans le champ B ?

22. Dans quel pâturage la capacité de support a-t-elle été dépassée ?

23. Quel est l'effet sur les producteurs d'une surpopulation d'herbivores ?

24. L'été suivant, lequel des deux pâturages aura la plus grande capacité de support ? Justifie ta réponse.

La circulation de la matière

L'eau et le gaz carbonique sont les éléments constitutifs de la matière végétale, qui forme le premier maillon des chaînes alimentaires. Ainsi, les chaînes alimentaires dépendent de la présence de l'eau et du gaz carbonique. Cependant, dans la biosphère, les réserves de ces substances ne sont pas illimitées et s'épuiseraient si elles devenaient irrécupérables. Ces substances, qui *entrent* dans les chaînes alimentaires, en *ressortent*, mais pour être réutilisées. En fait, l'eau et le gaz carbonique, dans la nature, circulent continuellement de façon cyclique.

Le cycle du carbone

Le cheminement du carbone dans la biosphère a pour point de départ le gaz carbonique existant dans l'air et en solution dans l'eau. Avec le gaz carbonique, les plantes vertes, aquatiques et terrestres, fabriquent leur matière végétale. Toutefois, par la respiration, elles dégradent une quantité de cette matière et libèrent du gaz carbonique dans l'eau ou dans l'atmosphère. De plus, une quantité de matière végétale absorbée par les consommateurs est transformée en leur propre matière. Mais, en respirant, ces animaux dégagent aussi du gaz carbonique.

Les excréments des consommateurs, de même que leurs cadavres et ceux des producteurs, nourrissent les décomposeurs. Par leur respiration, ceux-ci libèrent de nouveau du gaz carbonique dans le milieu. En somme, le gaz carbonique, libéré dans l'atmosphère et dans l'eau par les producteurs, les consommateurs et les décomposeurs, est disponible pour être réincorporé dans la chaîne alimentaire par les producteurs (photosynthèse), puis le cycle recommence.

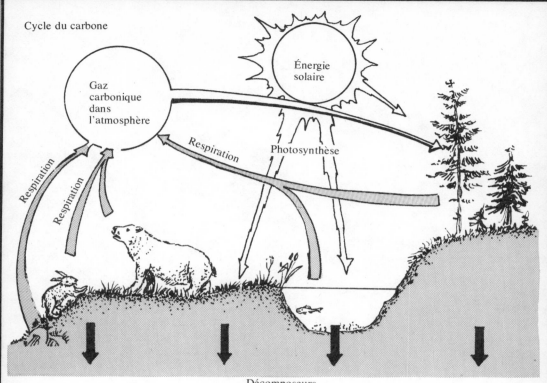

Cycle du carbone

Énergie solaire

Gaz carbonique dans l'atmosphère

Respiration

Respiration

Respiration

Respiration

Photosynthèse

Décomposeurs

Le cycle de l'eau

Le cycle de l'eau a pour point de départ l'atmosphère : de l'atmosphère, la vapeur d'eau, condensée en nuages, tombe sous forme de pluie ou de neige.

L'eau, qui atteint les continents, ruisselle en surface ou pénètre dans le sol. L'eau de ruissellement retourne dans l'atmosphère en s'évaporant, ou s'écoule vers les lacs, les ruisseaux et les rivières pour atteindre enfin les océans; à la surface de ces masses d'eau, par évaporation, une quantité d'eau retourne dans l'atmosphère. L'eau qui pénètre dans le sol est soit absorbée par les plantes, soit évaporée, soit orientée vers la mer par des canaux souterrains.

Les animaux s'approvisionnent en eau en buvant mais, aussi, en mangeant des plantes et des animaux : toutefois, ils éliminent de l'eau, en transpirant, en expirant et en urinant. Quant aux plantes, elles absorbent de l'eau mais en rejettent une partie dans l'atmosphère par la transpiration des feuilles. Ainsi l'eau éliminée par les animaux et les plantes est à nouveau disponible.

En plus de l'eau et du gaz carbonique, plusieurs substances comme le calcium et l'azote circulent dans la biosphère.

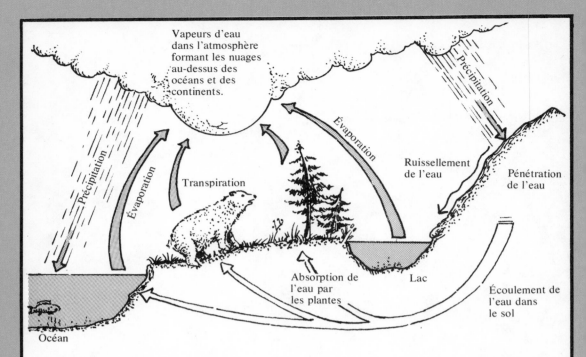

Vapeurs d'eau dans l'atmosphère formant les nuages au-dessus des océans et des continents.

Précipitation

Évaporation

Transpiration

Précipitation

Évaporation

Évaporation

Ruissellement de l'eau

Pénétration de l'eau

Absorption de l'eau par les plantes

Lac

Écoulement de l'eau dans le sol

Océan

Cycle de l'eau

Expérience 1.   Faire de la pluie

A) Remplis un bocal à moitié d'eau et dépose-le à l'horizontal;

B) Au-dessus du bocal place une lampe de 150 watts ou plus;

25. Ne déplace pas le bocal. Observe et prends soin d'inscrire tes observations dans ton cahier.

C) Éteins la lampe; frotte un glaçon sur le dessus du bocal.

26. Qu'arrive-t-il à une masse d'eau lorsqu'elle est chauffée?

27. Décris ce qui se passe dans le bocal lorsque tu glisses la glace sur la paroi.

28. Que se produit-il lorsque la vapeur d'eau se refroidit?

Le recyclage, un mode de vie

L'homme puise à même les ressources naturelles ou matières premières, comme l'eau, le bois, les métaux, le pétrole, pour produire de l'énergie ou fabriquer des objets. Mais il ne peut compter sur des réserves illimitées. En fait, certaines matières sont renouvelables (ex.: le bois) ou réutilisables (ex.: le fer), alors que d'autres sont non renouvelables (ex.: le pétrole).

La *PRODUCTION — CONSOMMATION*, sur laquelle repose l'organisation des sociétés humaines, pose deux sérieux problèmes : l'épuisement graduel des matières premières et l'accumulation des déchets.

L'expérience qui suit te permettra de prendre conscience de ce second problème; tu détermineras la production de déchets de ta famille.

Expérience 2.   Les déchets domestiques

- Sélectionne une ou plusieurs sortes de déchets domestiques : papiers, canettes métalliques, contenants de verre, etc.
- Précise la durée de ta recherche (ex.: une semaine, dix jours, etc.).
- Chaque jour, inscris sur un histogramme ou dans un tableau la quantité de déchets accumulés. Tu peux adopter les modèles proposés pour enregistrer tes résultats.

Recherche Canettes et bouteilles		
Jour.	Nombre de canettes	Nombre de bouteilles
Lun.		
Mar.		
Mer.		

Déchet: canettes

Famille de... personnes (...adultes ...enfants)

Quantité journalière : 12, 11, 10, 9, 7, 6, 5, 4, 3, 2, 1

1 nov. lun.   2 nov. mar.   3 nov. mer.

29. Quelle fut la production totale du déchet choisi?

30. Quelle fut la production journalière moyenne, soit la production totale divisée par le nombre de jours?

31. Quelle a été la production journalière par individu, soit le résultat de la question n° 30, divisé par le nombre de membres de ta famille?

32. En supposant que les résultats de ta recherche sont représentatifs, pour un déchet donné, quelle est la production quotidienne à l'échelle de la population québécoise (six millions d'individus)?

33. Y a-t-il une journée de la semaine où la production de ce déchet est plus considérable? Si oui, laquelle? Peux-tu en expliquer la raison?

■ Compare tes résultats avec ceux de tes camarades qui ont étudié le même déchet, et discutez-en.

34. Serait-il possible, dans ta famille, de réduire la production de ce type de déchets?
Explique-toi.

La production de déchets, qui se justifie en grande partie par le développement de l'industrialisation et de la technologie, a augmenté considérablement.

En Amérique du Nord, de 1920 à 1970, la moyenne annuelle des déchets domestiques par habitant à passé de 430 kg à 900 kg. La quantité de rebuts en matière plastique s'est tout particulièrement accrue. Aux États-Unis seulement, elle a passé de 1,5 milliard de kilogrammes en 1968 à 4 milliards de kilogrammes en 1980. On estime qu'annuellement chaque individu jette 90 kg de papier de toutes sortes, 250 canettes métalliques et 135 contenants de verre.

L'illustration qui suit montre comment se répartit la production des déchets domestiques.

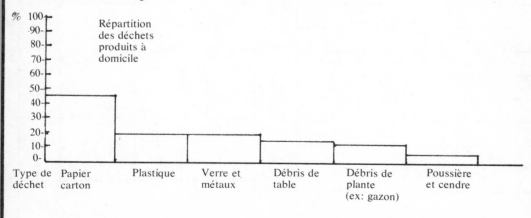

Cette situation, la surproduction de déchets, peut-elle être corrigée?
Oui, par le RECYCLAGE qui consiste à réutiliser les matériaux, à les
faire recirculer dans l'environnement d'où ils proviennent.

La nature nous en donne de bons exemples. Elle assure, par ce moyen,
l'équilibre de la vie. Les feuilles des arbres retournent au sol, se décomposent et les matériaux dont elles sont constituées servent à nouveau.
L'utilisation du fumier, en agriculture, est une autre forme de recyclage.
Les déchets d'origine animale, sont formés de substances que les animaux puisent dans leur milieu. Par l'épandage, ces substances retournent au sol et favorisent la croissance des plantes. De nouveau, celles-ci
seront consommées par les animaux et le cycle est ainsi maintenu.

Les gaz produits par les excréments de bovins et de porcs, dans certains
pays, sont utilisés comme source d'énergie pour chauffer.

Qu'en est-il des déchets issus des activités humaines?

La quantité de produits d'emballage pourrait facilement être réduite. Il y
a là un gaspillage excessif. En plus des efforts pour diminuer la production de déchets, il faut envisager les possibilités de transformer les
rebuts. Au Danemark, 60 p. 100 des ordures municipales servent à produire de l'énergie.

LE COMPOSTAGE serait une autre solution. Par ce procédé, les
déchets sont décomposés et servent d'engrais.
Tous les efforts orientés vers la découverte et l'application de nouveaux
procédés de production d'énergie, de même que ceux qui visent à une
meilleure utilisation des déchets, ont des retombées économiques importantes.
En Alberta, le recyclage des canettes et des bouteilles a créé plusieurs
emplois.

Les poisons circulent et s'accumulent

L'homme, nous l'avons déjà mentionné, utilise divers produits chimiques appelés PESTICIDES pour tenter de détruire des espèces végétales et animales jugées nuisibles.

Une très vaste gamme d'insecticides et d'herbicides sont employés, principalement en agriculture et en sylviculture; ils combattent des populations qui risquent de détériorer ou de concurrencer les espèces cultivées.

Lors de l'épandage, les pesticides se dispersent dans tous les habitats, même dans ceux auxquels ils ne sont pas destinés. De plus, dans chaque milieu, ces substances ne sont pas captées uniquement par les espèces visées; elles sont absorbées directement ou indirectement par tous les êtres vivants.

Plusieurs de ces produits artificiels sont peu ou pas BIODÉGRADABLES. Ils ne se décomposent pas naturellement. En conséquence, ils demeurent emmagasinés là où ils parviennent puis, le réseau alimentaire les transmet d'un vivant à l'autre.

L'illustration qui suit résume ce phénomène.

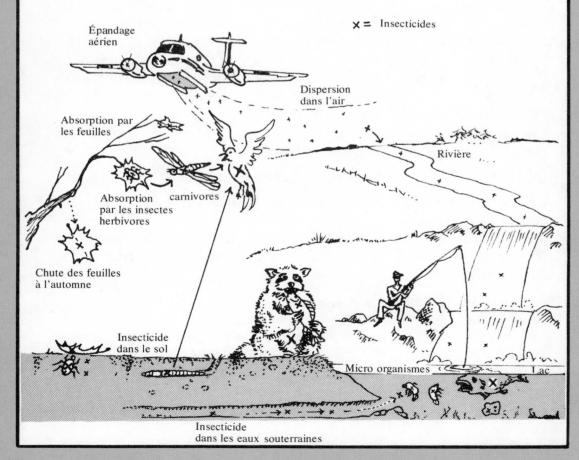

X = Insecticides

Épandage aérien

Dispersion dans l'air

Absorption par les feuilles

Rivière

carnivores

Absorption par les insectes herbivores

Chute des feuilles à l'automne

Insecticide dans le sol

Micro organismes

Lac

Insecticide dans les eaux souterraines

Comme le montre le dessin suivant, il s'effectue une concentration biologique des pesticides à l'intérieur de la chaîne de nourriture.

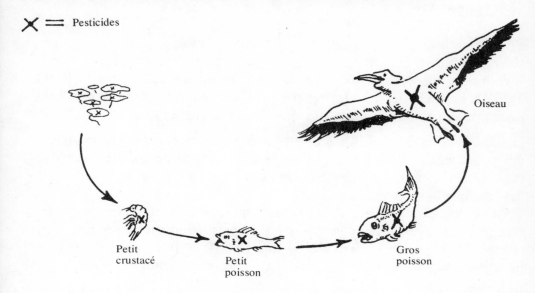

Chaque petit crustacé consomme beaucoup d'algues. En conséquence, il accumule la totalité de pesticides contenus dans chaque algue. À leur tour, les petits poissons emmagasinent toute la quantité de substances de chacun de crustacés qu'ils mangent et... ainsi de suite.

De ce fait, les consommateurs qui occupent une position éloignée de la base de la chaîne alimentaire reçoivent de fortes doses de pesticides qui ne leur étaient pas destinés. De telles concentrations produisent des effets néfastes : diminution de la fertilité, fragilité accrue de la coquille des œufs, réduction de la capacité d'orientation, cancer, mortalité. De plus, comme nous l'étudierons au module suivant, les populations visées directement par l'utilisation de pesticides développent une plus grande résistance à ces substances, qui deviennent alors inefficaces.

Pour protéger la qualité de son environnement et de sa vie, l'homme devra avoir recours à des moyens naturels pour contrôler les populations nuisibles.
Le contrôle des mauvaises herbes s'exerce par l'alternative (rotation) des cultures et la réduction des insectes nuisibles s'opère par l'utilisation de prédateurs spécifiques (insectes carnivores, mammifères insectivores) ou de parasites particuliers.

Résumé

Pour fonctionner, tout système, physique ou biologique, doit compter sur un apport d'énergie.

L'énergie utilisée par les êtres vivants provient du soleil. Par la PHOTOSYNTHÈSE, les plantes vertes captent l'énergie solaire, puis elles l'accumulent dans la nourriture qu'elles fabriquent.

Les CONSOMMATEURS s'approvisionnent en énergie en mangeant des producteurs ou d'autres animaux qui, eux, se nourrissent de végétaux. Dans la nature, l'énergie chemine donc à travers les divers maillons des **chaînes de nourriture**.

Chaque organisme vivant doit libérer l'énergie contenue dans sa nourriture pour ensuite pouvoir l'utiliser à l'accomplissement de ses fonctions vitales. C'est par le mécanisme de la RESPIRATION que l'énergie est libérée de la matière dans laquelle elle était emprisonnée.

Pour assurer ses fonctions, tout être vivant dépense la presque totalité de l'énergie produite par sa respiration. L'énergie ainsi utilisée est transformée en d'autres types d'énergie (chaleur, mouvement) qui ne peuvent plus servir dans le système biologique. Pour cette raison, le cheminement de l'énergie dans le monde vivant n'est pas cyclique.

L'utilisation de l'énergie par les individus appartenant à un maillon donné d'une chaîne alimentaire influence directement la DENSITÉ des populations des maillons suivants. La relation proies-prédateurs illustre cette situation.

Dans la nature, la matière, contrairement à l'énergie, chemine de façon cyclique. C'est le cas, entre autres, de l'eau et du gaz carbonique, qui circulent, de manière continue, du monde non vivant au monde vivant, et ainsi de suite.

Sous toutes ses formes, la matière existe en quantité limitée. L'épuisement graduel des ressources naturelles et la surproduction de déchets qui en découle ne peuvent être évités que par la circulation cyclique de la matière.

Il est indispensable que l'homme utilise son génie inventif pour découvrir et perfectionner des moyens de recycler les matériaux et les objets qu'il fabrique à partir des ressources naturelles.

Questions de révision

1. Définis les termes suivants :
   a) combustion
   b) respiration
   c) densité
   d) proie
   e) prédateur
   f) recyclage
   g) capacité de support

2. Quelles sont les entrées et les sorties impliquées dans la production d'énergie chez les être vivants?

3. Résume le cheminement de l'énergie dans le monde vivant avec, comme point de départ, l'énergie solaire.

4. *Chaque maillon d'une chaîne alimentaire ne reçoit qu'une fraction de l'énergie et de la matière que le maillon précédent a reçues.* Explique ce phénomène.

5. De combien de kilogrammes un bouvillon engraissera-t-il s'il consomme 500 kg de foin?

6. Dans la relation proies-prédateurs, quelle population contrôle la densité?

7. Que se produit-il lorsqu'une population dépasse la capacité de support du milieu où elle vit?

Suggestions de travaux

- Enquêter sur les moyens utilisés (incinération, enfouissement, etc.) dans la municipalité pour éliminer les déchets.
- Constituer un mini-dossier sur *l'énergie douce* (énergie solaire, les vents, les marées, etc.).
- Faire une maquette d'une maison écologique (capteur solaire, serre, compostage des déchets, etc.).
- Mettre sur pied un plan de récupération du papier et du verre dans un quartier.

module VIII
S'adapter pour survivre

L'adaptation animale

Chaque organe, chaque membre, chaque comportement, tout chez l'animal est adapté à son mode de vie. Autrement dit, tout chez l'animal est conçu de façon à assurer sa survie.

Les adaptations des structures

Les membres et le déplacement

Les membres des animaux présentent une grande diversité de formes, selon qu'ils servent à la marche, au saut, à la course, au vol, à la préhension ou à la défense.

Adaptation
au vol

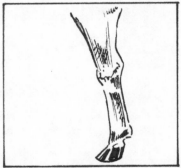

Adaptation
à la course

Adaptation
à la défense

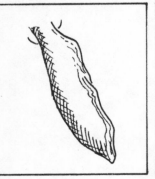

Adaptation
à la nage

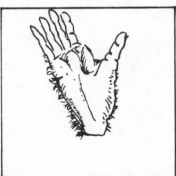

Adaptation
à la préhension

Adaptation
au saut

Cette diversité de formes, d'un animal à l'autre, existe aussi pour une même fonction. Prenons le cas des membres locomoteurs des mammifères terrestres. L'illustration qui suit met en évidence des différences remarquables.

Ours

Démarche plantigrade

Chien

Démarche digitigrade

Le cheval marche sur un seul ongle

La vache marche sur deux ongles

L'éléphant se porte sur cinq ongles

Démarche onguligrade

Pour la locomotion, l'ours et l'homme utilisent la plante des pieds ; le chien et le chat se portent sur leurs doigts, tandis que le cheval et l'éléphant se portent sur leurs ongles.

Consulte divers ouvrages de zoologie pour déterminer les types de démarches des animaux suivants : porc, rhinocéros, cerf, raton laveur, moufette, écureuil.

Observation du déplacement animal

Exercice 1.   La marche

- Choisis un quadrupède domestique : souris, hamster, chien, chat, lapin, etc.).
- Identifie chaque patte par un nombre. Retiens ce code.
- Fais marcher l'animal et observe dans quel ordre les membres se succèdent.
- Dans ton cahier et à l'aide du code, reproduis la démarche de l'animal par un croquis.
- Compare ton croquis à ceux de tes camarades qui ont choisi la même espèce animale. Examine également les croquis de ceux qui ont sélectionné d'autres espèces.

Exercice 2.   La nage
- Place une grenouille dans un aquarium ou dans un bassin d'eau.
- Observe attentivement le mouvement de ses pattes arrière lorsqu'elle nage.
- À l'aide de croquis, reconstitue les diverses étapes de son mouvement de nage.

Exercice 3.   Le saut
- Dépose une grenouille par terre.
- Observe le mouvement des pattes postérieures lorsqu'elle saute.
- Au moyen d'un croquis, reproduis les phases du saut.

Les membres et la préhension

Certain animaux sont capables de **préhension,** c'est-à-dire qu'ils peuvent saisir fermement des objets. Ceci est attribuable au fait que l'extrémité de leurs membres antérieurs ou postérieurs se termine par des doigts qui peuvent se plier sur eux-mêmes.

L'illustration qui suit donne une bonne idée de l'usage des membres préhensibles chez diverses espèces animales.

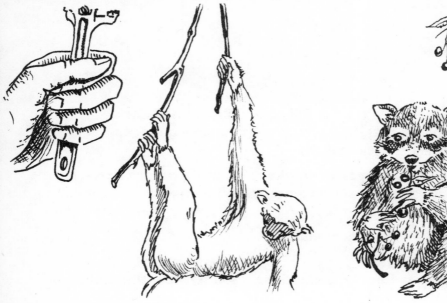 

Exercice 4.   La préhension
- Tiens un bâton cylindrique dans ta main et exerce sur lui une forte pression, mais **sans** refermer le pouce.
- Demande à un camarade de tirer sur le bâton, de l'enlever de ta main.
- Refais l'exercice en pliant, cette fois, le pouce.

2. Dans quel cas est-ce plus difficile d'enlever le bâton?

3. Quel est le rôle du pouce dans la préhension?

Les membres et la défense

Les comportements de défense se manifestent de deux façons : par la **fuite** ou par l'**attaque**. En raison d'adaptations particulières des membres et d'un développement des sens, certaines espèces animales sont mieux équipées que d'autres pour se protéger.

Les membres et la fuite

Les animaux qui savent échapper à leurs ennemis naturels sont d'abord ceux qui détectent leur présence. À cet effet, une vue perçante, une ouïe fine et un odorat sensible constituent des atouts précieux. Quant à la fuite devant un adversaire menaçant, elle dépend avant tout de la rapidité de déplacement de l'animal.

Les lièvres et les cerfs comptent parmi les animaux avantagés pour le dépistage et la fuite : ils possèdent une ouïe très aiguisée et des membres permettant des déplacements très rapides.

Le camouflage représente une autre adaptation pour échapper aux ennemis naturels.

Les membres et l'attaque

Lorsqu'il y a attaque, des structures spécialisées favorisent la capture des proies et la défense. Prenons, comme exemples, les griffes des ours et des félins ou encore les sabots des chevaux.

Se transformer pour survivre
Plusieurs organismes ont la capacité de transformer leurs structures pour s'adapter à des conditions diverses.

La fourrure

Le corps des mammifères est recouvert de poils. Cette structure les protège des variations climatiques, tout particulièrement du froid. Dès que la température commence à baisser, la quantité de poils augmente pour accroître la protection.

La fourrure ne sert pas uniquement à lutter contre les modifications climatiques. Observe la photographie ci-dessus.

4. Que remarques-tu?

5. Est-ce avantageux, pour le lièvre, que la couleur de son pelage change selon les saisons?
   Explique-toi.

6. Consulte divers ouvrages et cite d'autres exemples de mammifères dont la couleur du pelage change selon les saisons.

Les métamorphoses
Plusieurs animaux ont un cycle vital (voir le module VI, p.121) constitué d'un certain nombre d'étapes au cours desquelles l'aspect extérieur et le mode de vie s'avèrent différents. Ces changements portent le nom de **métamorphoses**.

Regarde ces photographies qui correspondent à deux formes de vie d'un même animal.

7. Quelles sont les principales modifications pour ce qui est des structures?

8. L'insecte *chenille* et l'insecte *papillon* ne vivent pas de la même façon. Quelles sont les différences de nature écologique (milieu de vie, alimentation, etc.)?

Relis le texte du module VI (p. 122) qui décrit la reproduction de la grenouille.

9. Quelles sont les étapes du développement de cet animal?

10. Quel milieu habite le têtard?

11. La grenouille adulte, dans quel(s) habitat(s) vit-elle?

12. Quels sont les avantages pour cette espèce de connaître deux formes?

Le comportement animal et l'adaptation

La survie des animaux tient à des adaptations structurales (dents, griffes, sabots, membres, etc.), mais aussi à des façons d'agir ou comportements. Nous en examinerons quelques comportements.

Le comportement et les saisons

Avec les saisons, les conditions climatiques du milieu changent considérablement. Comment les animaux s'adaptent-ils aux conditions nouvelles? Parfois, ce sont les structures qui se modifient; rappelons l'exemple du pelage chez les mammifères. Parfois, des comportements tels que la MIGRATION, l'HIBERNATION et l'HIVERNATION témoignent d'une adaptation aux changements climatiques.

La migration

Le terme MIGRATION désigne les déplacements périodiques d'animaux d'un habitat à un autre.

Plusieurs espèces d'oiseaux migrent. Au printemps, ils envahissent nos régions où ils trouvent des territoires propices à la reproduction et de la nourriture en abondance. À l'automne, pour échapper aux rigueurs de l'hiver, ils se réfugient vers les régions situées plus au Sud.

Parmi les oiseaux migrateurs, nommons les merles, les hirondelles, les oies, les canards et les pluviers. Ces derniers, comme le montre l'illustration, effectuent une migration annuelle d'environ 32 000 kilomètres.

Mouvements migratoires du pluvier doré

Zone de reproduction

Printemps

Automne

Zone de séjour pendant l'hiver

La migration n'est pas un phénomène exclusif aux oiseaux. Certaines espèces d'insectes (ex. les papillons), de poissons (ex. les saumons, les anguilles), de mammifères terrestres (ex. les caribous) et aquatiques (ex. les phoques) couvrent, pour changer d'habitat, des distances plus ou moins grandes. Le caribou de l'Arctique vit dans la toundra pendant l'été et descend plus au Sud, vers la forêt de conifères, pendant l'hiver.

Toundra

Forêt de conifères

La toundra, habitat du caribou l'été

L'été, le caribou de la Gaspésie habite le flanc des montagnes et, l'hiver, gagne les sommets. Là, il trouve plus facilement sa nourriture, car la vitesse du vent, à la cime des montagnes, réduit l'accumulation de neige recouvrant la végétation.

L'hibernation

L'HIBERNATION est un état de vie ralentie que connaissent pendant l'hiver, certains animaux tels que la marmotte, le tamias, les amphibiens et les couleuvres.

Au cours de la belle saison, les animaux accumulent des réserves de graisse, qui leur serviront de source d'énergie pendant le long sommeil hivernal.

L'hibernation s'accompagne d'un ralentissement du fonctionnement de l'organisme : une réduction des rythmes respiratoire et cardiaque et une diminution de la température du corps.

L'hivernation

L'ours, le raton laveur, la moufette entrent aussi en période de sommeil à l'approche de l'hiver. Cependant, ils n'hibernent pas, ils HIVER-NENT. La différence est que la température interne de leur corps ne baisse pas beaucoup en dépit de la réduction des activités vitales. D'ailleurs, lors de journées chaudes, au cours de l'hiver parfois, ils se réveillent et quittent leur abri.

Les constructions

Les constructions fabriquées par les animaux sont fort variées : toile d'araignée, fourmilière, termitière, hutte et barrage de castors, terrier de marmottes, nid d'oiseaux.
Chacune de ces structures répond à des besoins différents, à des conditions de vie particulières et à des fonctions précises. Examinons brièvement quelques-unes de ces constructions.

Les toiles d'araignées

Les araignées sont prédatrices. La plupart d'entre elles tissent des **toiles**, sortes de pièges, pour capturer leurs proies.
Chacune des espèces fabrique sa toile selon un plan particulier et à partir d'une substance produite par une glande logée dans l'abdomen.

Toiles de plafond

Toiles épaisses des araignées de gazon

Lorsqu'un insecte frappe la toile, il demeure emprisonné dans les fils qui sont, dans bien des cas, recouverts d'une matière collante. L'insecte se débat et la toile vibre. Ceci avertit l'araignée qui n'a plus qu'à cueillir sa nourriture.

Exercice 5.   Observation de toiles d'araignées

- Localise une toile d'araignée dans un sous-sol, dans l'herbe, dans un hangar, dans un grenier ou dans une étable.
- Observe-la attentivement, puis reproduis-la, en partie ou en totalité, dans ton cahier. Fais en sorte que ta reproduction soit la plus fidèle possible.
- Complète l'exercice en ajoutant diverses informations : l'endroit où était la toile, sa dimension, la description de l'araignée si possible, etc.

La récolte

Tu peux récolter une toile d'araignée comme suit : avec un fixatif à cheveux, vaporise délicatement la toile à une distance d'environ vingt-cinq centimètres ; puis, avec précaution, colle une feuille de papier sur la toile.

Les huttes et les barrages

Chaque famille de castors possède un territoire qu'elle délimite par une sécrétion odorante appelée **castorium**.

C'est à l'intérieur de ce territoire qu'est construit l'abri familial, la HUTTE. Il s'agit d'un monticule fait de terre, de feuilles et de rondins dont une partie émerge au-dessus de la surface de l'eau.

L'intérieur de la hutte est creusé d'une cavité, le NID, placé au-dessus du niveau de l'eau. Les castors accèdent à cette chambre par des couloirs qui traversent la base de la hutte, sous le niveau de l'eau.

Coupe verticale
dans une hutte de castors

A — entrée principale
B — entrées secondaires
C — antichambre
D — nid
E — couloir
    sans issue

Ainsi situés, les couloirs sont presque inaccessibles aux prédateurs. Pour conserver les entrées submergées de la hutte, les castors élaborent un BARRAGE qui rehausse le niveau de l'eau et le maintient constant. Cette construction, fort ingénieuse, est faite de billots, de branches, de boue et de feuilles, le tout solidement entremêlé.

Les nids d'oiseaux

Pour les oiseaux, le NID constitue avant tout un emplacement relié à la reproduction. Les œufs y sont pondus et couvés. Là aussi s'opèrent l'éclosion puis la protection et l'alimentation des oisillons, jusqu'à ce qu'ils soient capables de voler.

Bien qu'ils remplissent le même rôle pour à peu près tous les oiseaux, les nids se distinguent cependant les uns des autres par leur emplacement et par leur construction.

Le nid de l'hirondelle des granges, accolé à une poutre ou à un mur, est fait de terre séchée, entremêlée de poils ou de crins de cheval. Celui de l'hirondelle des falaises n'est qu'une simple cavité creusée dans la paroi d'un banc de sable. L'alouette, elle, délimite un emplacement à la surface du sol avec quelques cailloux. Au sommet d'un arbre ou d'un rocher, l'aigle construit avec des branches un nid de plusieurs mètres d'envergure. D'autres oiseaux tissent leur nid sur les branches avec des brins d'herbe ou utilisent une cavité dans un tronc d'arbre mort.

La communication

Les animaux communiquent entre eux par une vaste gamme de SIGNAUX : cris, chants, odeurs, postures, mimiques, attitudes, gestes, couleurs. Chaque signal est un message destiné aux individus de la même espèce ou à ceux d'espèces distinctes. Plusieurs animaux identifient leur territoire. Certains oiseaux délimitent le leur par un chant ; d'autres espèces ont recours à un signal odorant.

L'attirance d'un partenaire sexuel (voir le module VI *comportement sexuel*) implique toujours l'émission de signaux tels que le chant des oiseaux, le cri de l'orignal ou des grenouilles, l'odeur dégagée par certains insectes, les gestes ou les danses (ex.: poissons, crabes).

L'agressivité et la soumission sont aussi révélées par des postures, des gestes, des cris.

L'adaptation des plantes

La survie des plantes, comme celle des animaux, dépend de leur adaptation au milieu, adaptation qui se manifeste dans les domaines des structures et des comportements.

Les adaptations des structures

Les graines

Maintes espèces végétales assurent leur reproduction au moyen de GRAINES. Chaque graine est une structure qui contient une plante miniature, souvent microscopique.

Lorsqu'elles se détachent de la plante, les graines tombent sur le sol et germent si elles trouvent des conditions propices. Alors, l'enveloppe de la graine s'ouvre et la petite plante (embryon) qu'elle renferme se développe et devient une nouvelle plante.

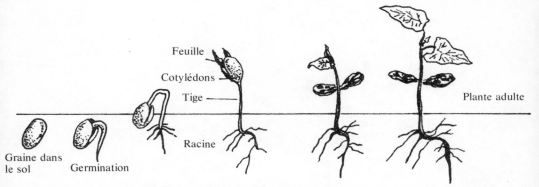

13. Nomme deux facteurs nécessaires à la germination d'une graine.

14. Lorsque les graines se détachent d'une plante, est-ce préférable qu'elles tombent au même endroit ou qu'elles se répartissent sur un plus grand sol? Explique-toi.

Au printemps, tu as sans doute remarqué les nuages de graines de pissenlits.

15. Quel facteur facilite la dispersion de ces graines?

16. Nomme deux caractéristiques des graines de pissenlits, caractéristiques favorisant leur dispersion.

La position des branches

L'illustration qui suit représente deux agencements différents de la position des branches d'un sapin.

17. Décris la disposition des branches du sapin illustré en A.

18. Décris celle du sapin illustré en B.

19. Quel agencement constitue une meilleure adaptation à la survie de l'arbre?

20. La disposition particulière des branches du sapin est une adaptation à quel facteur du milieu?

21. Comment les branches de l'érable sont-elles disposées ?

22. Où trouve-t-on le plus de feuilles ?

23. Comment s'explique l'absence de feuilles au centre de l'arbre ?

14. Pourquoi cet arrangement particulier des branches et des feuilles de l'érable est-il avantageux ?

Les feuilles, grandes ou petites
Observe cet échantillonnage de feuilles.

25. Après comparaison, que remarques-tu en ce qui a trait à leur dimension ?

26. Principalement, au niveau de quelle structure de la plante l'absorption de la lumière s'opère-t-elle ?

Certaines espèces végétales, comme les plantes de sous-bois, vivent dans des milieux où la lumière est peu abondante.

27. Ces plantes ont-elles avantage à posséder de grandes ou de petites feuilles ? Explique-toi.

28. La dimension des feuilles, est-ce une adaptation ? Explique-toi.

Examine les dessins qui suivent :

29. Quelle différence fondamentale y a-t-il entre ces deux arbres ?

30. Pour recevoir le plus de lumière, lequel est le mieux adapté ? Motive ta réponse.

Les feuilles luisantes ou ternes

La face supérieure des feuilles, chez certaines plantes, est luisante; chez d'autres, elle est terne. Est-ce que cette particularité est une adaptation? Pour trouver la réponse à cette question, effectue l'expérience 1.

Expérience 1.   Réfléchir ou absorber

Ton professeur te remettra deux plaques de métal : l'une recouverte de peinture lustrée, l'autre enduite de peinture mate.

- Place chaque plaque à 20 cm au-dessus d'une ampoule de 100 watts pendant trois minutes.

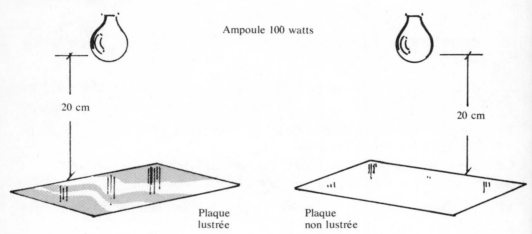

- Ensuite, éteins les ampoules. Simultanément, prends la température à la surface des plaques. Pour ce faire, appuie la partie renflée des thermomètres pendant dix secondes sur les plaques.
- Enregistre tes résultats dans ton cahier.

31. À la fin de l'expérience, quelle plaque était la plus chaude?

32. Quelle plaque a absorbé le plus d'énergie lumineuse?

33. D'après tes résultats, quel est l'effet de la luisance d'un matériau sur l'absorption de la lumière?

34. Une plante dont le feuillage est luisant capte-t-elle plus ou moins de lumière qu'une plante au feuillage terne?

35. La luisance des feuilles est-elle une adaptation à un milieu où il y a beaucoup ou peu de lumière? Explique-toi.

La chute des feuilles

36. Nomme deux espèces d'arbres qui perdent leurs feuilles à l'automne.

37. Cite le nom de deux espèces qui conservent leur feuillage en hiver.

Exercice 6.   Observation de feuilles
- Utilise deux types de feuilles : l'une provenant d'un arbre à feuilles décidues, l'autre appartenant à une espèce de conifères.
- Observe ces feuilles attentivement et compare forme, épaisseur, transparence, dimension, dureté et résistance.
- Inscris tes observations dans ton cahier.

38. Quels moyens t'ont permis de déterminer la dureté et la résistance des feuilles ?

39. D'après tes orbservations, quel type de feuilles sera davantage résistant au froid ? Pour quelles raisons ?

Les limites de l'adaptation

Jusqu'à présent, dans ce module, tu as découvert que la survie des êtres vivants tient aux adaptations qu'ils ont développées pour s'harmoniser avec leur environnement.

L'adaptation des organismes, leur tolérance face aux variations des facteurs du milieu ont-elles des limites ?

Quels sont les besoins fondamentaux que les êtres vivants doivent satisfaire? Y a-t-il des conditions écologiques qui peuvent favoriser leur survie? Pour trouver des réponses à ces questions, on te propose de résoudre trois problèmes en utilisant la **démarche scientifique**.

Problème 1. Comment une espèce végétale réagit-elle aux **variations d'intensité lumineuse**?

40. Qu'en penses-tu? Quelle est ton hypothèse?

41. Décris comment tu procéderas (nombre de plantes, sorte(s) de plante(s), conditions, matériel, etc.) pour réaliser une expérience te permettant de résoudre le problème posé.
Soumets ton plan de travail à ton professeur.

42. Quels résultats as-tu obtenus?

43. Qu'indiquent ces résultats?

Problème 2. Comment une espèce végétale donnée réagit-elle à des changements de température du milieu?

44. Qu'en penses-tu?

45. Décris ta façon de procéder pour vérifier l'hypothèse émise et soumets ton plan de travail au professeur.

46. Quels résultats découlent de ton expérience?

47. Que montrent tes résultats?

Problème 3. Comment une espèce végétale réagit-elle aux **variations d'humidité** du sol?

48. Qu'en penses-tu?

49. Quel procédé expérimental utiliseras-tu pour trouver une réponse à ce problème? Fais approuver ton plan de recherche par ton professeur.

50. Quels résultats as-tu obtenus?

51. Que révèlent ces résultats?
Les expériences que tu viens de réaliser démontrent que les plantes ont des besoins spécifiques.

L'eau, entre autres, constitue un **besoin essentiel** : il en faut une quantité minimale pour que les végétaux se maintiennent en vie. Ceux-ci n'atteignent cependant leur plein épanouissement que s'ils disposent d'eau en quantité supérieure à celle qui correspond au besoin essentiel. On nomme **besoin optimum** la quantité d'un facteur permettant le plein fonctionnement d'un être vivant.

52. En ce qui a trait à la lumière, explique ce qui différencie le besoin essentiel d'une plante de son besoin optimum.

L'adaptation forcée

Pour comprendre comment l'homme a su tirer profit de certaines adaptations végétales et animales, il est absolument nécessaire de saisir ce qu'est le mécanisme de l'adaptation.

Les espèces : similitudes et différences des individus

Ton professeur te remettra des graines (pois ou fèves) issues de plants de la même espèce. Observe ces graines attentivement.

53. Sont-elles exactement de la même couleur? Sinon, énumère les diverses teintes.

54. Sont-elles de même grosseur?

55. Sont-elles de même longueur?

56. D'après la grosseur et la longueur, combien de catégories peux-tu distinguer?

Tu viens de constater que, à l'intérieur d'une même espèce, même si les individus possèdent des caractéristiques communes, ils ne sont pas pour autant en tout point identiques. Autrement dit, il existe de la **variété** (différenciation à l'intérieur de l'espèce).

Ce phénomène est manifeste chez toutes les espèces. Mais vérifie par toi-même en observant :
- une ou des caractéristiques d'un certain nombre d'individus de la même espèce (ex.: la dimension des feuilles d'une population végétale, la couleur des grenouilles d'une espèce donnée, etc.);
- un ou des traits physiques de personnes du même sexe et du même âge (ex.: taille, forme des yeux, texture des cheveux, etc.).

La sélection agit sur les différences

Les maladies, les changements climatiques, le manque d'espace ou de nourriture sont autant de facteurs naturels qui agissent sur les populations, qui exercent une SÉLECTION.
Examinons un cas, celui d'une population de cerfs.

57. À ton avis, tous les cerfs d'une population ont-ils une fourrure de même épaisseur?

58. Leur capacité de résister au froid est-elle identique? Explique ta réponse.

59. Supposons qu'au cours d'un hiver la température est particulièrement froide. Alors, quelle catégorie de cerfs sera la mieux équipée pour survivre?

60. Quelle catégorie risque de mourir?

61. Au printemps suivant, la population comptera-t-elle plus d'individus au pelage épais que d'individus au pelage peu épais?

Les cerfs qui naîtront au cours des années subséquentes seront issus de parents au pelage épais. La plupart d'entre eux posséderont cette caractéristique héritée des parents, mais, encore là, il y aura, selon les individus, de la variété dans l'épaisseur du pelage.

Advenant que plusieurs hivers rigoureux se succèdent, seuls les cerfs dotés du pelage le plus épais survivront. Ainsi, de génération en génération, l'épaisseur du poil s'intensifiera et les survivants seront davantage adaptés au froid. De ceci, l'on conclut que l'adaptation est le résultat de la sélection qui se fait dans la variation (apparition d'un caractère nouveau).

Prenons un autre exemple. Depuis plusieurs années, on utilise des **pesticides** pour tenter d'éliminer la tordeuse, insecte jugé nuisible parce qu'il ravage les forêts d'épinettes en détruisant les bourgeons. Or, en dix ans, il a fallu constamment augmenter la quantité de pesticides pour obtenir des résultats quasi identiques, et la tordeuse continue ses ravages.

62. D'après ce que tu connais du mécanisme de l'adaptation, propose une explication de ce phénomène.

La sélection artificielle

Pour tirer avantage de certaines de leurs caractéristiques, les humains ont appliqué le mécanisme de l'adaptation à plusieurs espèces végétales et animales.

Les plantes cultivées
Végétaux, céréales, fruits et légumes sont la source de notre alimentation. Aussi les cultivons-nous en tentant d'obtenir la meilleure qualité et le plus haut rendement par unité de surface exploitée.

Les standard visés sont atteints grâce à la sélection artificielle. De quoi s'agit-il? D'abord, les caractéristiques appropriées, comme la rapidité de croissance, la valeur nutritive, la résistance aux maladies et aux intempéries, sont déterminées par des séries de tests et des recherches; puis, il y a sélection des plants en fonction des critères établis, de sorte que la reproduction s'opère entre les meilleurs sujets, soit ceux dont les particularités s'approchent davantage de celles qui sont désirées.

Parmi les descendants, il est possible d'effectuer de nouveau une sélection rigoureuse. En répétant la sélection sur plusieurs générations, on obtient d'excellentes variétés.

Les animaux spécialisés

Les vaches laitières et les bovins de boucherie font aussi l'objet d'une sélection.

Pour la vache laitière, le critère déterminant est la capacité du sujet à produire beaucoup de lait, c'est-à-dire à transformer les aliments en lait plutôt qu'à prendre du poids. L'éleveur soucieux d'améliorer son troupeau ne conservera que les veaux femelles issus des vaches dites *bonnes laitières*.

Pour l'éleveur de bovins de boucherie, le critère de sélection est différent : il éliminera les sujets qui prennent peu de poids pour privilégier les individus qui, en se reproduisant, assureront une descendance susceptible de mieux convertir les aliments en viande.

Résumé

L'adaptation est l'ensemble des moyens que possèdent les vivants en vue d'assurer leur survie. Toute adaptation est le résultat de la sélection qui se fait dans la variation (apparition d'un caractère nouveau). La sélection augmente les chances de survie. Chaque structure et chaque comportement du monde végétal et animal constituent une adaptation au milieu de vie.

L'adaptation animale

Chez les animaux, la diversité des structures correspond à la diversité des fonctions. La forme des dents varie selon le régime alimentaire, la forme des membres diffère selon qu'ils servent à la marche, au saut, à la course, au vol, à la préhension, à la fuite ou à l'attaque.
Les saisons transforment également certaines structures.

Les comportements adaptatifs, dans le monde animal, sont nombreux. La migration, l'hivernation et l'hibernation constituent des ajustements aux changements saisonniers. Bon nombre d'animaux ont développé des aptitudes à la construction : nids, toiles, abris, etc. Enfin, la plupart des espèces présentent des adaptations permettant de communiquer, d'émettre des signaux, cris, chants, odeurs, postures, etc., qui, selon le cas expriment l'agressivité ou la soumission, ou servent à l'identification des individus, des sexes, des territoires.

L'adaptation végétale

Grâce à une foule d'adaptations de leurs structures, les plantes parviennent à subsister. Qu'il s'agisse de la disposition des branches et du feuillage, de la dimension des feuilles ou de leur degré de luisance, toutes ces particularités permettent aux végétaux de se procurer la quantité de lumière solaire appropriée à leurs besoins.

Les besoins

Tout être vivant doit trouver dans son environnement ce qui répond à ses besoins essentiels. L'adaptation augmente la tolérance des organismes face aux divers facteurs du milieu, mais elle ne peut compenser l'absence d'un facteur essentiel. Même une plante adaptée à la vie dans un habitat où il y a peu de lumière ne pourra survivre si elle en est totalement privée.

L'homme et l'adaptation

L'espèce humaine a su tirer profit du mécanisme de l'adaptation et l'a appliqué à des espèces végétales et animales pour améliorer certaines de leurs caractéristiques.

C'est ainsi que l'homme a réussi à produire des variétés de plantes alimentaires qui poussent rapidement, donnent de bons rendements et résistent aux maladies. Il a pu également sélectionner des animaux en vue de formes de consommation précise : lait et viande.

Questions de révision

1. Donne une définition des mots suivants :
   a) adaptation
   b) besoin essentiel
   c) besoin optimum
   d) métamorphoses
   e) migration
   f) hibernation
   g) signaux
   h) sélection

2. Nomme trois formes d'adaptation des membres à la locomotion.

3. Cite quatre formes d'adaptation utiles à la défense.

4. Identifie cinq moyens permettant aux vivants de s'adapter aux variations de saisons.

5. Indique deux formes d'adaptation des plantes qui peuvent éviter une trop grande absorption d'énergie lumineuse.

6. Nomme trois variétés d'êtres vivants que l'homme a adaptés à ses besoins et précise ce que procure chacune de ces formes d'adaptation.

Suggestions de travaux

- Décrire les diverses formes d'adaptation d'un animal fouisseur (ex.: la taupe).
- Découvrir les réactions de la tige et de la racine des plantes à l'action de la pesanteur (géotropisme).
- Expliquer les principales formes d'adaptation des oiseaux qui rendent le vol possible.
- Établir une liste d'utilisations possibles des bactéries par l'homme.

Glossaire

A

Abiotique : se dit de tout ce qui n'est pas vivant par opposition à biotique. Synonyme de non-vivant.

Acquis : se dit d'un comportement appris après la naissance.

Adaptation : capacité des êtres vivants de transformer leurs structures et leurs comportements pour survivre aux modifications de leur milieu de vie.

Anémomètre : instrument qui permet de mesurer la vitesse du vent.

Apprentissage : fait d'apprendre un nouveau comportement.

Aquarium : milieu aquatique reconstitué.

B

Biodégradable : se dit des substances ou matériaux qui peuvent être décomposés par la nature.

Biomasse : quantité de matière vivante.

Biosphère : couche de la terre habitée par des organismes vivants.

Biotique : se dit de tout ce qui est vivant.

C

Caractéristique : trait particularité, propriété d'un vivant.

Capacité de support : possibilité d'un milieu à offrir les facteurs (espace, nourriture) nécessaires à une population.

Carnivore : animal qui se nourrit uniquement de chair.

Chlorophylle : substance verte des plantes jouant un rôle (absorption de la lumière) dans la photosynthèse.

Commensalisme : relation entre deux populations dont l'une profite de l'autre sans toutefois lui nuire et lui procurer d'avantages.

Communauté : ensemble des populations animales et végétales qui habitent un milieu donné.

Compétition : rivalité entre deux ou plusieurs organismes de la même espèce ou d'espèces distinctes pour un ou plusieurs facteurs du milieu.

Conservation : ensemble des mesures visant à préserver les ressources naturelles (faune, flore, air, sol...).

Consommateur : se dit de tout organisme qui se nourrit de plantes ou d'animaux.

Cour : ensemble de comportements qui précèdent l'accouplement.

D

Décomposeur : organisme (ver, champignon, etc.) qui contribue à décomposer des végétaux et des animaux morts.

Décomposition : procédé par lequel les matériaux se défont.

Densité : rapport entre le nombre d'individus et l'espace qu'ils occupent (D = N/S).

E

Écologie : science biologique qui étudie les relations des organismes entre eux et avec leur milieu.

Écosystème : ensemble écologique qui désigne l'ensemble des relations entre les populations et avec les facteurs non-vivants de leur environnement.

Espèce : ensemble d'individus semblables, capables de se reproduire entre eux et de donner des descendants viables et féconds.

Environnement : ensemble des facteurs constituant le milieu de vie d'un organisme.

F

Faune : ensemble des animaux d'une région.

Fleur : organe reproducteur de certaines plantes.

Flore : ensemble des plantes d'une région.

Formicarium : vivarium pour Fourmis.

Fouisseur : se dit d'un animal qui vit dans le sol où il creuse des galeries.

Frugivore : se dit d'un animal dont le régime alimentaire est composé principalement de fruits.

G

Germination : développement d'une graine qui produit une nouvelle plante.

Graine : structure végétale qui renferme une plante miniature.

Granivore : se dit d'un animal dont le régime alimentaire est constitué principalement de graines.

Grégaire : se dit des animaux qui vivent en groupes.

H

Habitat : milieu de vie d'un organisme.

Herbarium : vivarium pour plantes.

Herbivore : se dit d'un animal qui consomme exclusivement des végétaux.

Hibernation : état de vie ralentie que connaissent certains animaux au cours de l'hiver. Cet état s'accompagne d'une baisse de température corporelle.

Hivernation : état de vie ralentie sans baisse de la température du corps.

Horizon : courbe de sol caractérisée par une texture et une couleur particulière.

Hôte : organisme parasité.

Humus : couche de matière en décomposition près de la surface du sol.

I

Inné : se dit des comportements que les organismes possèdent dès leur naissance et qui ne nécessite pas d'apprentissage.

Insectivore : se dit des animaux dont le régime alimentaire est composé principalement d'Insectes.

Instinct : impulsion naturelle qui ne requiert pas d'apprentissage.

M

Métamorphose : série de transformations que subissent *certains* animaux avant d'atteindre leur maturité.

Méthode scientifique : démarche utilisée en science pour l'acquisition des connaissances.

Migration : déplacements saisonniers de certains animaux d'un milieu vers un autre.

Mutualisme : association de deux espèces dans laquelle chacune retire des avantages.

N

Niche écologique : rôle d'une population dans un habitat.

O

Omnivore : se dit d'un animal qui consomme des animaux et des végétaux.

P

Parasite : organisme qui vit aux dépens d'un autre.

Pesticide : substance utilisée pour détruire certaines espèces de plantes ou d'animaux.

Photomètre : instrument pour mesurer l'intensité de la lumière.

Photosynthèse : mécanisme par lequel les plantes fabriquent leur propre nourriture.

Pollinisation : transport du pollen des fleurs par les Insectes ou le vent.

Pollution : souillures de l'environnement (air, eau, sol).

Population : ensemble des individus d'une même espèce qui vivent dans un milieu donné.

Prédateur : animal qui mange d'autres animaux.

Préhensile : qui a la capacité de saisir.

Producteur : se dit des végétaux qui font la photosynthèse.

Profil du sol : coupe verticale dans un sol montrant la disposition des divers horizons.

Proie : animal mangé par un autre (prédateur).

Q

Quadrat : espace restreint correspondant à une portion d'un milieu à étudier.

R

Relation écologique : désigne tout lien pouvant exister dans un milieu vivants ← → vivants   vivants ← → non-vivants.

Respiration : mécanisme par lequel les êtres vivants parviennent à soutirer l'énergie contenue dans les aliments qu'ils produisent (producteurs) ou consomment (consommateurs).

S

Science : activité mentale et physique qui consiste à découvrir l'inconnue en utilisant la méthode scientifique.

Sélection : action du milieu ou de l'Homme sur les vivants.

Stomate : petite ouverture à la surface des feuilles qui permettent à la plante d'échanger des gaz avec le milieu.

Sylviculture : culture des arbres.

T

Transpiration : perte d'eau.

Territoire : espace occupé par un organisme qui y trouve nourriture et abri.

V

Vivarium : portion d'un milieu naturel reconstitué.